LES RECHERCHES ARCHÉOLOGIOUES

LES
RECHERCHES ARCHÉOLOGIQUES

LEUR BUT ET LEURS PROCÉDÉS

PAR

J. de MORGAN

————— ✳ —————

PARIS

ÉDITIONS DE LA *REVUE DES IDÉES*

7, RUE DU VINGT-NEUF JUILLET, 7

—

1906

Rien n'est plus simple que de faire des fouilles et en même temps rien n'est plus difficile. Fouiller pour recueillir des objets curieux ou de valeur marchande, sans se préoccuper de tirer de ses découvertes un parti scientifique est à la portée de tous. Cette façon d'entendre l'archéologie est si mesquine que, dans ce cas, le chercheur n'est pas plus intéressant que son ouvrier maniant l'outil. Mais fouiller avec discernement, dans le but de faire rendre aux documents enfouis dans le sol tous les services scientifiques dont ils sont capables, est œuvre de savoir et d'expérience, souvent difficile à réaliser, exigeant toujours de la part de celui qui s'y donne une longue préparation et beaucoup de méthode.

En parcourant les innombrables livres et brochures publiés dans les diverses langues de l'Europe, en visitant les sites antiques et les musées, on est surpris de voir combien il est peu de recherches conduites, classées et publiées d'une manière scientifique. La plupart des localités intéressantes ont été pillées plutôt que fouillées et les enseignements qu'elles étaient à même de fournir ont été perdus.

Chaque question spéciale de l'antiquité possède sa littérature, souvent fort étendue. Bien des villes, des temples, des palais, des nécropoles ont été l'objet d'écrits plus ou moins importants et il en est fort peu qui nous aient livré tous leurs secrets. C'est que, souvent, les auteurs de ces travaux manquaient d'esprit d'observation et peut-être aussi des connaissances nécessaires pour qu'il leur fût possible d'observer.

Le manque de méthode dans la récolte des objets entraine forcément le désordre dans la classification des collections provenant des fouilles, le désordre dans les publications ; et, par suite, les enseignements que les collections sont appelées à fournir sont souvent perdus ou incomplets.

Nos musées européens, dans bien des cas, sont classés suivant le goût personnel de leur conservateur. Ce ne sont, souvent, que des groupements d'objets artistiques agréables à la vue et généralement le côté documentaire est entièrement négligé.

En numismatique, les divers éléments possèdent eux-mêmes les sources de leur classement ; il n'en est pas de même en ce qui-concerne les documents archéologiques ; pour ces derniers, les conditions de découverte sont, je puis dire, indispensables.

Une autre tendance, plus fâcheuse encore que le désordre, est celle qui fait séparer le *bel objet* de l'objet intéressant au point de vue scientifique seulement. C'est un crime de lèse-science que de placer en première ligne la satisfaction secondaire des yeux. Dans l'étude de l'antiquité, l'art n'est qu'un accessoire auquel il convient de donner une juste place, très importante même, mais dont la préoccupation ne doit pas tout absorber.

Il est aisé de s'intituler archéologue ; on peut le faire avec ou sans diplôme, sans préparation spéciale ; il suffit d'avoir trouvé ou acheté quelques antiquités, de les ranger et d'en parler ; il suffit aussi d'avoir lu plus ou moins de livres et de savoir les réciter.

Aujourd'hui que les diplômes jouent un si grand rôle dans notre société, bien des gens s'imaginent que, parce qu'ils ont suivi des cours et passé des examens avec succès, ils peuvent se charger de travaux sur le terrain ; grave erreur ; le travail de cabinet ne prépare aux fouilles que d'une manière très incomplète et j'ai vu des gens fort instruits, des maîtres de la science, se trouver bien dépaysés sur les sites antiques et y manquer totalement de jugement.

En dépouillant avec soin un grand nombre d'ouvrages, on parvient certainement à se faire, avec les essais des autres, une expérience relative ; mais encore serait-on parfois fort embarrassé en passant de la théorie à la pratique. Les livres, les cours, les musées apprennent à connaître l'histoire et l'antiquité, mais n'enseignent pas les procédés à suivre pour se procurer les documents ; il faudrait que cet enseignement théorique fût doublé d'une instruction pratique : c'est ce qui manque à l'archéologie, non seulement en France, mais aussi chez tous les peuples étrangers.

LES
RECHERCHES ARCHÉOLOGIQUES

LEUR BUT ET LEURS PROCÉDÉS

I

L'ARCHÉOLOGIE ET L'HISTOIRE

Le but de l'archéologie est de rechercher et d'expliquer les sources des annales de l'humanité.

Ces sources sont d'une extrême variété, car non seulement elles comprennent tous les actes de la vie humaine et leurs résultats ; mais souvent aussi elles sont liées à des phénomènes naturels indépendants de l'homme, et dont l'homme a subi les conséquences.

Tout ce qui concerne les transformations survenues dans le monde physique depuis l'apparition de l'humanité sur la terre et tout ce qui a rapport à cette humanité même est du domaine de l'archéologue.

Les modifications éprouvées par la géographie, le climat, la faune et la flore des régions habitées du globe, l'origine et la nature des races, la langue, la religion, la société, le gouvernement, la politique, les arts, l'industrie, le commerce ont laissé des traces plus ou moins sensibles pour l'observateur, plus ou moins faciles à interpréter.

Le champ d'études de l'archéologue comprend donc l'ensemble de la vie humaine depuis son apparition jusqu'à nos jours. Ces annales se divisent en préhistoire ou histoire naturelle, et en histoire proprement dite.

La préhistoire, trait d'union entre la géologie et l'histoire, montre le développement de la race humaine depuis les origines jusqu'au jour où, en possession de l'écriture, l'homme est devenu son propre annaliste.

Basées sur l'observation seule, les études préhistoriques sont du ressort des sciences naturelles, alors que l'histoire proprement dite, s'appuyant sur des documents écrits et ne demandant à l'observation que le contrôle et l'explication des textes, est une science d'un ordre tout différent.

De même que l'archéologue doit rechercher avec autant de soin les documents préhistoriques que ceux appartenant à l'histoire, de même l'historien doit connaître la préhistoire, préface de ses travaux. Comment comprendrait-il, en effet, la situation relative des peuples au moment où il les rencontre pour la première fois, s'il n'avait aucune idée des évolutions antérieures à celles par lesquelles il ouvre son récit ?

L'histoire, moins positive que les sciences mathématiques ou naturelles, basée sur des autorités parfois discutables et soumise par suite au gré des sentiments, a conservé pendant longtemps son esprit de science de salon. Tant que ses exposés et ses déductions ne se sont pas appuyés sur des documents authentiques et contemporains des faits, elle a donné libre cours à la fantaisie des écrivains.

Les auteurs de l'antiquité ont, il est vrai, laissé des travaux considérables ; mais l'exactitude des copies que nous en possédons est souvent sujette à caution ; fréquemment on y trouve des erreurs de scribes. Sans compter que, parfois aussi, les écrivains se contredisent les uns les autres.

Aujourd'hui que, depuis un siècle, nous interrogeons par nos fouilles directement l'antiquité, nous sommes à même de reconstituer en grande partie l'histoire à l'aide de documents originaux, de vérifier les dires des anciens auteurs et de relever leurs erreurs. Grâce à l'archéologie, l'histoire se rapproche de plus en plus des sciences exactes. De grands progrès sont déjà réalisés depuis la fin du xviiie siècle ; c'est de l'archéologie qu'il faut attendre ceux qui restent encore à faire.

La méthode historique doit, pour être sûre, s'appuyer sur des documents méthodiquement recueillis. Elle compte sur les témoignages des archéologues dont la responsabilité est d'autant plus grande que, lorsqu'ils fouillent sans principes scientifiques, ils dilapident un bien souvent unique qui, une fois perdu, ne se retrouvera jamais.

Les sciences naturelles interprètent des documents moins précieux que ceux dont l'histoire fait sa base. Tel insecte, telle plante ou tel cristal, bien que rare dans les collections, existe dans la nature en nombreux exemplaires ; le tout est de trouver son habitat ou son gisement. Le document archéologique, au contraire, est généralement unique ; sa perte devient irréparable.

Un fossile curieux et nouveau est-il rapporté en Europe sans indications concernant sa provenance et les couches où il se trouve ? Ce manque de renseignements n'est pour la science qu'un simple retard. Le jour viendra où un spécialiste en rencontrera *in situ* un second exemplaire. Mais un texte arrive-t-il mutilé par les ouvriers et privé du nom du souverain qui l'a fait graver, c'est une perte que rien ne saurait réparer.

En ce qui concerne les diverses branches des connaissances humaines dans l'antiquité, nous ne possédons malheureusement pas pour toutes les moyens de contrôler les documents et souvent aussi nous manquons de renseignements.

Les idées philosophiques, par exemple, ne nous ont généralement été transmises que par des ouvrages spéciaux et peu nombreux, tels la Bible, les Vedas, le Zend Avesta, etc., tous livres religieux dont nous ne possédons que des copies relativement modernes, sûrement transformées au cours des siècles, fort éloignées des textes primitifs et dont il ne nous est pas possible de vérifier l'authenticité.

Les textes originaux, tels que ceux des Pyramides et le Livre des Morts, sont d'une interprétation extrèmement ardue. Bien des années s'écouleront avant qu'on soit à même d'en pénétrer à fond la philosophie. Il en est de même pour tous les textes religieux de la Chaldée, de l'Egypte, de la Phénicie ; le côté dogmatique et rituel apparaît sans que nous puissions encore préciser avec certitude les lois générales d'où il découle.

Cette ignorance des bases fondamentales de la société empêche le plus souvent d'y pénétrer. Si nous savons comment pensaient un Grec et un Romain, nous ne pouvons connaître quels sentiments guidaient les actes d'un Chaldéen, d'un Assyrien, d'un Elamite, d'un Egyptien, d'un Etrusque ou d'un barbare du Nord.

La plèbe, comme toutes les plèbes, obéissait bien certainement à des instincts et à des pratiques au-dessus desquelles se tenaient les classes dirigeantes. En Egypte, les prêtres et l'aristocratie envisageaient la religion tout autrement que le peuple ne la comprenait. Le Pharaon fils du soleil gouvernait par les dieux tout comme les rois d'Assour et la plupart des souverains de l'antiquité ; mais il était gouverné lui-même par des sentiments restés encore mystérieux pour nous.

Les éléments d'appréciation nous manquent pour juger sainement des grandes lignes de la pensée humaine, et l'archéologie ne les fournira que bien lentement, si jamais elle les donne. Nous en sommes réduits à rapporter.

tous les faits historiques à l'intérêt brutal qui sans doute jouait un très grand rôle dans ces sociétés primitives, mais n'était pas seul : d'autres mobiles se combinaient avec lui.

Si les documents purement philosophiques nous manquent, si les textes religieux, très abondants, laissent parfois entrevoir confusément quelques idées spéculatives, il est, par contre, une autre source de renseignements d'où nous tirerons un jour, lorsqu'ils seront assez nombreux, des idées plus précises. Ce sont les pièces juridiques, contrats, titres de propriété, décrets de donation, etc., que les fouilles nous révèlent, et enfin les codes complets de lois, comme celui du roi Hammourabi. On tirera peu à peu de ces documents sur les relations des hommes entre eux et sur celles du chef envers ses inférieurs l'esprit général dirigeant des actes de la vie privée comme de la vie publique.

Le gouvernement et surtout la politique extérieure étaient, jusqu'il y a cinquante ans à peine, les seules questions dont s'occupait l'historien. C'est que les Grecs et les Romains lui avaient légué la tradition anecdotique, que tous les émules et successeurs d'Hérodote, de Ktésias, de Manéthon, de Bérose n'avaient envisagé l'histoire qu'au point de vue des faits, sans guère se préoccuper des causes.

Aujourd'hui, les esprits étant plus cultivés, c'est la philosophie de l'histoire qu'on recherche, rejetant au second plan les faits brutaux, comme l'avènement ou la mort d'un souverain, une campagne militaire, voire même la disparition d'un royaume.

Les sources dans lesquelles l'historien se trouvait à même de puiser étaient peu nombreuses, souvent dénaturées, souvent aussi composées de fables narrées à l'auteur sur le pays dont il avait à parler.

C'est ainsi qu'aux yeux de nos pères l'histoire de l'Orient n'était qu'un tissu de légendes, que l'Assyrie, l'Egypte n'existaient qu'à peine et que le petit peuple hébreu prenait une importance politique bien supérieure à celle qui lui revient justement.

De la Chaldée on connaissait de nom Nabuchodonosor, Sardanapal et surtout Abraham ; de l'Elam, Koudour-Lahomar, Esther et Daniel.

La quantité des documents mis à la portée de l'historien ne se serait pas accrue sans les recherches archéologiques. Les historiens syriaques, arméniens, arabes, persans, etc., découverts, je puis dire, au début du siècle dernier, n'ont presque rien ajouté à ce que nous donnaient les Grecs et les Latins ; le dépouillement de leurs œuvres a déçu les espérances.

Par contre, les recherches dans les pays orientaux ont mis en lumière une foule de textes historiques, les uns gravés sur les rochers, les autres enfouis dans le sol. Et l'histoire, telle qu'on la comprenait au début de notre siècle, n'existera plus bientôt qu'à titre d'histoire de l'histoire.

On rencontre en Orient fort peu de textes gravés sur les rochers qui n'aient été déjà relevés et traduits. Mais les innombrables ruines qui couvrent l'Asie antérieure sont toutes vierges et toutes renferment des pages historiques.

En Egypte, Bonaparte a fondé les recherches archéologiques et depuis plus de cent ans ce pays est le champ d'une activité véritablement fébrile. Ses annales sont sorties du sol sous forme de stèles, de papyrus, d'innombrables inscriptions encombrant véritablement aujourd'hui tous les musées du monde.

La Phénicie, l'Assyrie, la Chaldée ont été moins bien partagées au point de vue des recherches. Quelques fouilles isolées ont montré tout le parti qu'il y aurait à tirer de ces milliers de tells qui s'élèvent dans toute l'Asie antérieure. Mais les travaux sont moins aisés qu'en Egypte, les voyages sont pénibles et les conditions générales rendues très difficiles par les occupants actuels du vieux monde antique.

Quoi qu'il en soit, bien que les efforts y aient été moins nombreux que dans la vallée du Nil, ils ont été plus énergiques et les textes découverts y sont d'une valeur historique tout autre que celle des inscriptions pharaoniques.

Alors qu'en Egypte les récits historiques sont rares, ils abondent en Assyrie et en Chaldée. Les hiéroglyphes nous donnent en général des formules religieuses où se rencontre parfois le cartouche d'un roi, tandis qu'en Asie presque tous les textes sont royaux et le souverain, qu'il soit Patesi ou empereur, comme l'était Naramsin, ne néglige aucun détail qui puisse les faire connaître de la postérité.

Si nous ne possédions sur l'Egypte qu'un nombre de documents égal à celui dont nous disposons sur l'Assyrie et la Chaldée, nous ne connaîtrions ni son histoire ni même la succession des Pharaons. En Asie, au contraire, nous discernons déjà toutes les grandes lignes et, pour certaines époques, nous avons des annales très détaillées.

Ce sont là les vraies sources de cette science naissante. On écrira d'abord l'histoire anecdotique de l'Orient telle que la comprenaient eux-mêmes les Orientaux de l'antiquité, puis de cette foule de faits sèchement exposés il sera facile un jour de déduire les causes et d'exposer l'enchaînement philosophique.

Rien ne presse et d'ailleurs se hâterait-on que le temps n'est pas encore venu de généraliser ; les documents sont trop peu nombreux. Quelques-uns mêmes restent pour nous lettre morte parce que nous ne savons pas les lire. C'est ainsi que les textes hittites, bien des tablettes cunéiformes de Tell el Amarna résistent au déchiffrement. N'en est-il pas de même d'ailleurs pour certaines langues européennes comme l'ibérien et l'étrusque ?

Les textes antiques qu'on rencontre dans l'Assyrie, la Chaldée et l'Elam sont religieux, juridiques ou historiques.

Les inscriptions religieuses, bien que traitant de questions rituelles ou dogmatiques, contiennent presque toujours le nom du personnage qui les a fait graver ainsi que celui de son père.

· Les questions juridiques, chartes domainiales, actes de vente, de location, d'achat, fournissent généralement le nom du souverain régnant alors dans le pays.

Les textes purement historiques sont des stèles triomphales, des bas-reliefs destinés à l'ornementation des palais, des barillets, quelquefois aussi des tablettes. Ils renferment, dans la plupart des cas, les énoncés plus ou moins détaillés de faits d'armes ou de fondations de monuments.

Parmi ces inscriptions, beaucoup contiennent de précieux renseignements sur la vie privée, l'art militaire, la construction, les cultures, l'industrie, etc. ; fréquemment, ils abondent en documents géographiques.

Comme on le voit, la teneur de ces inscriptions est bien plus féconde en renseignements que celle des textes égyptiens.

Mais là où la Chaldée est inférieure à l'Egypte, c'est dans les représentations de la vie courante des peuples. Alors que les hypogées de l'Ancien Empire ne nous laissent ignorer aucune des occupations des habitants de la vallée du Nil, les monuments chaldéens restent muets.

En Egypte, de plus, la conservation des objets les plus délicats est parfaite ; on retrouve dans ce sol merveilleux tous les ustensiles, les vêtements, les papyrus.

Dans le bassin du Tigre et de l'Euphrate, au contraire, pays largement arrosé par les pluies de chaque année, on ne rencontre plus que la pierre, la terre cuite et le métal, toutes les autres matières ayant été décomposées.

· L'Egypte, par son climat, est un pays privilégié pour la conservation des matières les plus corruptibles ; elle constitue une exception qui ne se retrouve qu'au Pérou, dans le désert de l'Atacama. Nous verrons plus loin que, dans la vallée du Nil, les fouilles doivent être conduites d'une manière toute spéciale, méthode qu'on ne saurait adopter pour les autres régions.

Dans une étude générale nous ne devons donc pas prendre pour type l'Egypte qui, grâce à son climat, nous livre non seulement des matériaux analogues à ceux que nous rencontrons dans les autres régions, mais aussi une foule de documents ailleurs détruits.

Les arts, nous les connaissons par la sculpture et très rarement par la peinture, par la joaillerie, la glyptique et la céramique ; il ne nous reste, le plus souvent, des tissus que les représentations figurées sur les bas-reliefs et les statues.

L'architecture est, de toutes les manifestations du goût humain, celle qui a laissé le plus de traces. Les ruines abondent dans tout l'ancien monde, depuis l'extrémité occidentale de la Péninsule Ibérique jusqu'aux dernières limites orientales de l'Asie. Beaucoup de ces ruines s'élèvent encore au-dessus du sol. Mais un bien plus grand nombre demeurent enterrées sous les décombres ou profondément enfouies dans le sol, comme les tombeaux.

L'industrie nous apparaît par la céramique, le travail de la pierre et surtout par ses productions métalliques, par les procédés de fonte, par la teneur des alliages, par la manière dont ils ont été combinés, travaillés, étirés, emboutis, soudés. La forme des outils, le métal qui les compose sont aussi de précieuses données.

Le commerce nous a conservé quelques traces. Ce sont les matières minérales de provenance étrangère, les métaux, les bois cités dans les textes, etc...

Les mines antiques sont d'un examen très instructif ; non seulement on en peut tirer les méthodes d'exploitation et de métallurgie usitées dans l'antiquité, mais fréquemment aussi on trouve dans leurs environs des documents historiques. C'est ainsi qu'une exploration des mines de la presqu'île sinaïtique a donné bon nombre de textes historiques et de stèles royales, la méthode d'exploitation et des restes des usines avec leurs scories, leurs minerais et des fragments de creusets.

Les gisements aurifères de Transylvanie et de Bohême montrent la méthode romaine d'exploitation et souvent des litharges provenant du plomb qui alors remplaçait le mercure employé aujourd'hui pour tirer des quartz le métal précieux. Leur importance explique l'intérêt qu'avait Rome à conserver sous sa domination ces régions du nord.

Tel est le vaste domaine de l'archéologie ; nous en repasserons successivement les diverses parties, exposant la méthode à suivre pour tirer d'une campagne le meilleur résultat. Mais avant, examinons quelles connaissances doit avoir celui qui se destine à ces sortes de travaux.

L'explorateur parfait devrait être en même temps historien, linguiste et archéologue,mais ces trois branches sont chacune tellement vastes que l'existence entière ne suffirait pas à la préparation des études sur le terrain.

Par historien je n'entends pas le professeur d'autrefois, connaissant toutes les dates, tous les faits importants, sachant à merveille la géographie du pays dont il parle, les noms de villes et le nombre de leur population. J'entends un homme assez versé dans l'histoire pour en bien comprendre les grandes lignes, pour deviner les causes des faits saillants et par suite pour en pouvoir déduire, comme conséquences, des faits encore inconnus et dont il retrouvera les preuves sur le terrain.

La géographie antique et moderne des pays où il travaille doit lui être familière,mais il n'est pas besoin qu'il entre dans des détails que la lecture des cartes lui fournira en temps opportun. Il faut qu'il possède à fond l'ossature du pays, la notion des voies et des communications entre les diverses parties, celles des frontières naturelles qui s'imposent à tous les empires se succédant dans le même pays.

La linguistique est certainement, de toutes les branches des connaissances utiles à l'explorateur, la plus ardue, la plus difficile, mais aussi la plus passionnante; elle exige une prodigieuse mémoire de l'esprit et des yeux. Car ce n'est pas seulement un alphabet qu'il importe de retenir, mais vingt, et, mieux que cela, des centaines, des milliers de signes hiéroglyphiques ou cunéiformes. Les grammaires, les vocabulaires sont plus compliqués encore et souvent sont-ils à créer de toute pièce sur des textes dont les langues étaient jusqu'alors inconnues.

Rarement un linguiste entreprend l'étude de langues appartenant à des groupes linguistiques différents. La connaissance de trois ou quatre langues du groupe dans lequel il est spécialiste lui facilite la compréhension des autres langues du même groupe. Il en est cependant qui manient avec autant d'habileté le chaldéen, l'assyrien, l'élamite et le vieux perse.

Tout le monde sait assez de grec et de latin pour lire tant bien que mal une inscription rédigée dans l'une de ces langues et connaître de suite son importance ; mais il n'en est pas de même pour les hiéroglyphes égyptiens et pour les signes cunéiformes. Il faut des années pour devenir égyptologue et bien plus d'années encore pour lire sans hésitation les textes cunéiformes, quelle que soit leur époque.

Non seulement la linguistique exige une longue et laborieuse préparation, non seulement le travail seul ne suffit pas,et certains esprits restent toujours inaptes à recevoir ce genre d'instruction, mais elle réclame de la part du savant qui s'y adonne un travail incessant. Celui qui, pendant un an, deux ans, néglige cette science, doit se livrer à une nouvelle préparation, s'il veut rentrer en scène et publier des travaux originaux.

Forcément, la traduction des inscriptions est réservée au spécialiste, mais sa tâche est encore plus étendue, il doit expliquer ces textes au point de vue chronologique, en tirer, grâce aux noms propres, aux formes dialectales, à la nature de l'écriture, toutes les déductions capables d'aider l'historien et dans la plupart des cas lui-même est cet historien au point de vue anecdotique, s'il ne l'est pas à celui de la philosophie de l'histoire.

Le linguiste ne peut posséder des connaissances universelles. Souvent aussi se trouve-t-il arrêté par la traduction de mots techniques ; lorsqu'il doute, mieux vaut qu'il s'abstienne de traduire ce mot et qu'il indique simplement en note ce qu'il en pense ; car souvent une fausse interprétation d'un nom d'arbre ou de matière minérale peut entraîner des erreurs historiques désastreuses.

Ainsi l'archéologue devrait être encyclopédiste et connaître toutes les sciences. Je n'ai pas besoin de dire qu'il n'en existe pas de tel ; mais plus un archéologue sait de choses diverses et plus ses observations rendent de services à l'histoire. Pour étudier les temps antiques, il lui faut la connaissance raisonnée des éléments de nos civilisations modernes.

II

DE L'EXAMEN DU PAYS A EXPLORER

Sans qu'il soit linguiste, l'archéologue doit parler les langues du pays vers lequel il dirige ses pas, ou tout au moins la langue la plus répandue dans le district qu'il désire plus spécialement étudier. Il est indispensable qu'il puisse se passer d'interprète ou que, s'il en prend un temporairement, ce soit un indigène quelconque, et non un drogman de profession.

Il est également nécessaire qu'il puisse comprendre les noms portés sur les cartes, en saisir le sens et les prononcer de telle sorte qu'il soit entendu des gens du pays, qu'il soit à même de saisir la signification des lieux dits, de se faire narrer les légendes locales.

L'ignorance de la langue indigène n'est admissible que temporairement dans le cas où la personne ne commandant pas en chef est jointe à une expédition de gens accoutumés aux idiomes locaux.

L'archéologue doit posséder à fond la connaissance des cartes géographiques et au besoin les faire, s'il n'en existe pas.

Dans ses voyages il doit noter avec le plus grand soin les altitudes des cols, des vallées, les gués, les ponts, les passages et chemins de toute nature, les chaînes de montagnes infranchissables pour les chars, pour la cavalerie, pour les piétons, les défilés, la navigabilité des rivières et des fleuves, les sources, les marais, tout enfin ce qui peut guider l'historien dans l'interprétation des récits de campagnes militaires, dans le tracé des voies commerciales, dans celui des frontières naturelles.

Une carte ainsi annotée supprime bien des fausses interprétations.

Il ne faudrait pas croire que, dans l'antiquité, les divers pays étaient ce qu'ils sont aujourd'hui et par suite travailler sur les cartes sans les avoir préalablement modifiées à la suite d'une étude méticuleuse sur le terrain.

Pendant l'Ancien Empire égyptien, la vallée du Nil était loin de présenter l'aspect qu'elle offre de nos jours. Le delta était à peine formé. Un groupe d'îles, terre ferme maintenant, émergeait des eaux. A droite et à gauche du fleuve

jusqu'à la hauteur de Memphis (Mit-Rahinet) s'étendaient deux longues ban-
des de marais.

Il en était de même pour la Chaldée. Vers l'époque des rois d'Ur, la plaine
était alors demi-couverte par les eaux ; l'Euphrate et le Tigre se jetaient à la
mer par deux bouches distinctes situées au loin en amont du confluent actuel
(Korna).

En Europe, que de faits analogues ne rencontrons-nous pas ! La basse vallée
de la Somme, entre Amiens et Saint-Valery, était, à l'époque romaine, occupée
par de vastes marais, tout comme on en rencontre encore aujourd'hui aux
environs de Péronne.

La campagne de Naples n'était pas, au Ier siècle de notre ère, ce qu'elle est
de nos jours et il existait à l'époque grecque, dans les Cyclades, des îles maintenant disparues et dont nous possédons cependant la numismatique.

Ces quelques exemples suffisent à montrer qu'il est non seulement utile,
mais indispensable de rétablir autant que possible, par une étude géologique, la topographie du pays qu'on veut étudier au point de vue archéologique.

Les géographes anciens nous ont laissé peu de renseignements sur le site des
villes de l'Asie antérieure dans la haute antiquité. Il en est peu que nous puissions marquer sur les cartes d'une manière précise et sûre. En Europe, les
souvenirs étant moins anciens, la difficulté est bien réduite ; cependant, l'emplacement de bien des cités reste encore à retrouver.

En Orient, les textes fournissent de longues séries de noms de villes sans
qu'il soit possible à priori de placer sur la carte aucune d'entre elles. C'est
ainsi que, sur les quarante et quelques cités qu'Assourbanipal dit avoir rui-
nées en Elam, la position de Suse seule est identifiée jusqu'ici.

Le procédé le plus sûr pour identifier le nom d'une ville est d'y pratiquer
des sondages jusqu'à ce qu'on rencontre un texte sur pierre ou sur terre cuite
donnant le nom de la cité, procédé d'ailleurs assez rapide, mais qui ne peut
être mis en pratique dans les pays où, comme en Turquie, les autorisations
de fouiller se donnent comme une concession de mine pour un terrain de surface déterminée, avec défense de travailler au dehors.

Un autre moyen, moins sûr il est vrai, mais plus aisé, consiste à suivre sur
sur le terrain, étapes par étapes, le chemin parcouru par une armée assy-
rienne, par exemple, en partant d'un point connu tel que Ninive, Babylone,
ou tout autre, pour aller vers un autre point connu ; la nature du terrain, les
difficultés naturelles, les passages aisés serviront de guide et les villes citées

dans l'inscription doivent se retrouver sur la route sous forme de tells plus ou moins importants.

C'est ainsi que j'ai procédé en 1890, suivant pas à pas la route parcourue par Assourbanipal et son armée entre Khalman (Zoháb) et Suse par la vallée du Seïn Merrè.

Les difficultés naturelles du pays, les passages obligés dans les montagnes et les ruines antiques me servaient de guides pour l'explication du récit assyrien. Il n'existait pas alors de carte de cette région et, la faisant, j'étais amené à visiter le pays dans ses moindres détails. Mes identifications toutefois ne peuvent être acceptées comme définitives tant que des sondages n'auront pas été pratiqués dans les diverses ruines.

L'intérêt qui s'attache à la fixation des sites des villes antiques est considérable par rapport à l'histoire; mais cela ne veut pas dire que tout tell antique soit à fouiller; loin de là, les Assyriens entendaient par ville tous les centres d'habitation que nous nommons aujourd'hui villages ou bourgs; ils en augmentaient à dessein l'importance, afin d'accroître leur prestige dans la capitale et de semer la terreur chez leurs ennemis d'autres régions.

Pour le fouilleur, les tells qui présentent le plus d'intérêt sont ceux qui ont servi de siège à un gouvernement de quelque importance et ceux qui possédaient un temple réputé. Ceux-là seuls renferment des bâtiments bien construits, des textes et des objets d'art; les autres ne contiennent guère que des maisons en briques crues et quelques tablettes sans importance.

Une chance contraire vient encore diminuer les prévisions de succès. Il se peut que la ville, même importante, ait été ruinée après un pillage complet et que les matériaux de valeur, pierres et briques cuites, aient été transportés ailleurs. Mais ce dernier cas semble extrêmement rare.

Niffer, par son nom et par l'importance de ses ruines, promettait beaucoup plus qu'il n'a donné. Mais les fouilles sont loin d'y être terminées.

Parmi les données topographiques, les canaux antiques sont l'une des plus utiles pour les études géographiques et historiques.

Ces canaux se reconnaissent aisément, dans les plaines de Susiane et de Chaldée, à une légère dénivellation que les pluies n'ont pu effacer après des milliers d'années; leur tracé peut généralement être relevé avec une grande précision.

Chaque grande ville avait son canal et chaque canal avait ses grandes villes. A Niffer, à Telloh, à Yokha, etc., on voit encore très nettement le lit des anciens canaux. En les suivant, on est certain de rencontrer des ruines et plus le canal est grand, plus la ville était importante.

En dehors des tells de première grandeur, on rencontre sans cesse des buttes signalant l'emplacement d'un village antique; ces villages ne méritent pas considération pour le moment du moins.

Après avoir montré comment sont situées les ruines dans les plaines chaldéenne et élamite, il est nécessaire de parler des pays montagneux. Là encore l'examen de la carte est d'une grande assistance.

Les ruines sont toutes dans les parties cultivables du pays, c'est-à-dire dans les vallées arrosées, et plus la surface cultivable est grande, plus la ruine est importante.

Le site précis de la ville n'était pas toujours dans la partie la plus basse du terrain ; il s'y trouve généralement ; mais parfois aussi il est sur un escarpement facilitant la mise en état de défense.

Khalman (Ser-i-Poul) était située dans la vallée même ; Baghistana (Bisoutoun), au pied du rocher (Kouh Parrô) ; Madaktu (Derrè i Chahr), dans la vallée près d'un ruisseau. De même pour Mal-Emir, Tagh è Bostan, etc... Mais Ecbatane du sud (Hamadan) voyait son château sur une colline naturelle. Quant à l'Ecbatane du nord (Takht i Soleiman), elle n'a jamais existé que dans l'imagination de Rawlinson.

Le site en lui-même ne présente, au point de vue historique, qu'un intérêt secondaire ; c'est sa position sur la carte qu'il importe de trouver, sa situation par rapport aux routes et aux frontières naturelles.

Ainsi l'étude approfondie de la carte et l'exécution de son tracé, s'il n'en existe pas à l'avance, est le premier des soins que doit prendre l'archéologue.

CLIMAT, FAUNE, FLORE, RÉGIME DES EAUX, SUBSTANCES MINÉRALES. — Bien des renseignements ne sont pas fournis par les cartes et souvent ne le sont pas par les géographies, en sorte que l'archéologue doit faire subir au pays, à ses productions et à ses habitants, un examen minutieux, afin d'être prêt à interpréter les documents qui lui seront fournis par les fouilles.

L'étude du sol lui apprendra vite quels sont les matériaux de construction que fournit la nature. En Egypte, le calcaire, le grès, le granite (Syène) et les limons du Nil. En Chaldée, l'argile seule. Dans les montagnes de l'Arménie et du Taurus, toute la série des roches éruptives et sédimentaires.

Cet examen l'amènera à classer les matériaux en deux catégories: ceux pris sur place par les constructeurs et ceux apportés de pays lointains.

Les colonnes de granite rose de Palmyre, les stèles et les statues de dacite de Telloh et de Suse sont des exemples de l'emploi des matériaux étrangers.

Les gypses de Ninive, les calcaires bitumeux formant les colonnes de l'Apadana susien sont, au contraire, des roches abondant dans les montagnes voisines du lieu où elles ont été employées.

Le transport des blocs pesants était chose difficile et par suite c'est toujours sur les fleuves, quand il y en a, et en amont, qu'il faut aller chercher les gisements naturels.

J'ai montré dans l'un des volumes de la Délégation que les dacites employées en Chaldée provenaient du Khabour; on pensait autrefois, contre toute vraisemblance d'ailleurs, qu'elles avaient été apportées de la péninsule sinaïtique !

Les matières précieuses telles que l'agate, la cornaline, le quartz, le jaspe, le lapis lazuli, la turquoise, etc..., étaient d'un transport bien plus aisé ; aussi le gisement originel est-il plus difficile à reconnaître. Leur présence résulte de ce que les relations commerciales dans la très haute antiquité étaient extrêmement développées. Ne voyons-nous pas, dès la période néolithique, apparaître en France le jade, pierre dont les gisements sont en Asie orientale? De même la turquoise de Babylonie provenait soit du Sinaï, soit du Khoraçan, par le commerce.

Les gisements naturels des métaux présentent toujours un très grand intérêt au point de vue historique, car dans l'antiquité tous les métaux étaient recherchés avec le plus grand soin. Leurs mines devinrent le siège des gouvernements importants et leur possession causa souvent la guerre.

L'or, l'argent et le plomb présentent quelque intérêt, mais l'étain, indispensable pour la fabrication des armes, offre l'un des problèmes les plus vastes de la haute antiquité.

Dans les débuts, en Egypte comme en Chaldée, les instruments étaient de cuivre pur. En Amérique même, ce métal n'était considéré que comme une pierre malléable. Dans l'ancien monde, l'étain n'apparut que plus tard et alors que les habitants de l'Asie antérieure avaient connu, entre l'usage de la pierre taillée et celui du bronze, une phase intermédiaire, celle du cuivre pur ; les pays d'Europe occidentale semblent être passés plus directement de la pierre au bronze et ceux de l'Afrique centrale de la pierre polie au fer.

La civilisation commence au moment où l'homme devient métallurgiste. Parfois l'histoire débute en même temps; généralement, elle est sur le point de commencer.

Il faut donc se préoccuper avec grand soin des sources d'où le peuple dont

on étudie l'histoire tenait les métaux et recueillir sur les gisements métalli-
fères de ce pays tous les renseignements.

Le climat d'une région joue un très grand rôle dans la vie du peuple qui
l'habite, les températures moyennes et extrêmes, l'époque des récoltes, la
saison des pluies ou des neiges, celle pendant laquelle les communications
sont les plus aisées, celles des crues des rivières. Ces faits ont une grande
influence sur l'architecture, sur la politique intérieure et extérieure et sur tous
les actes de la vie d'un peuple.

Les rois assyriens faisaient chaque année une campagne ; c'est que, dans
chaque année, une saison n'était pas propice aux transports de troupes. La
Chaldée, par suite des pluies et des inondations, le Taurus, l'Arménie, le
Kurdistan, à cause des neiges qui ferment tous les cols pendant l'hiver. C'est
le climat lui-même qui imposait aux Assyriens la périodicité de leurs campagnes militaires.

Cette périodicité se retrouve pour les mêmes causes dans les guerres des
Parthes et des Sassanides contre les Romains.

Les Pharaons, plus libres, pouvaient guerroyer en toute saison, soit dans la
Phénicie, soit dans les territoires africains.

L'Europe presque entière est soumise aux lois de l'hivernage ; le Caucase
constituait pendant la saison froide une infranchissable barrière entre la
Scythie et les pays plus civilisés du sud.

Non seulement le climat influe sur les grands traits de l'histoire, mais il
règne en maître dans le foyer du peuple. La vie extérieure est suspendue, en
hiver, dans bien des pays, alors que dans d'autres ce sont les chaleurs de l'été
qui imposent le repos. La construction des maisons, des palais, des temples
mêmes se ressent des conditions climatériques.

Les Romains construisaient en Italie de vastes maisons généralement sans
étages où ils se tenaient en toute saison. Les Sassanides, au contraire, bâtis-
saient en Chaldée et en Susiane des habitations pourvues de deux étages ; l'un,
les caves, pour les mois chauds, l'autre ouvert à tous les vents pour la saison
tempérée. C'est ainsi qu'aujourd'hui encore les indigènes de ces pays cons-
truisent leurs demeures avec un *serdab* et un *balakhané*.

Dans les pays du nord, tels que la Scandinavie, dans les montagnes et sur
les plateaux élevés, toutes les précautions sont prises contre le froid. Les
nomades sont obligés d'hiverner, tandis que, dans les régions chaudes ou
même tempérées, ils passent sous la tente leur vie entière.

Il est nécessaire de connaître l'état dans lequel ont pu vivre les hommes pour être à même d'expliquer l'antiquité.

La flore également joue un grand rôle, car c'est d'elle que dépendent les cultures les plus anciennes. Nous savons que les céréales, entre autres, sont originaires de la Chaldée. C'est donc là que leur culture fut découverte. Elle passa probablement de la Mésopotamie dans l'Egypte et plus tard dans tout l'Occident, renseignement d'une importante capitale et fécond en déductions

Il arrive souvent que, dans les sépultures, dans les villes incendiées, on rencontre des graines emmagasinées dans l'antiquité. Leur étude permet de savoir si ces plantes vivent encore dans la région, si elles y sont autochtones ou bien si leur présence n'est due qu'à l'importation étrangère.

Les bois de construction sont souvent cités dans les textes, même dans les plus anciens. Il est de toute nécessité de savoir si ces essences, lorsqu'on peut identifier leurs noms antiques, croissent dans la région ou si elles ne vivent qu'en pays étrangers. Ce pays doit alors être déterminé.

Le cèdre, fréquemment rapporté à Ninive pour la construction des palais, ne croît aujourd'hui que dans le Liban. Le chêne couvre les montagnes du Kurdistan, du Louristan et des Bakhtyaris.

Le buis dont parlent souvent les Assyriens, si toutefois son nom est exactement identifié, ne croît que sur le versant septentrional des montagnes du nord de l'Iran, dans la vallée de l'Araxe et sur les côtés de la mer Noire ; on conçoit difficilement que les Ninivites aient pu l'y aller chercher.

La faune présente une importance tout aussi considérable que la flore. Elle se compose des animaux vivant actuellement dans le pays et de ceux qui s'y trouvaient naturellement dans l'antiquité. L'autruche vivait autrefois dans toute la basse vallée du Nil et dans le bassin de l'Euphrate. Le cheval n'apparaît que tardivement en Egypte ; le mouton, la chèvre sont dans le même cas. Le buffle n'entre en Asie Mineure que vers le xvᵉ siècle avant notre ère, mais par contre le bison paissait non loin de la Chaldée, si nous en jugeons par les sculptures figurées sur un superbe vase de calcaire découvert à Suse l'an dernier. Les habitants de l'Egypte ; au viiiᵉ millénaire avant nous, entretenaient des troupeaux d'antilopes, avaient domestiqué le chien et peut-être aussi l'âne. Les kjoekkenmoddings d'Egypte ont fourni une faune très complète à cet égard.

L'étude de la faune permet donc de discerner entre les animaux indigènes domestiqués et les animaux domestiques importés, et, par suite, d'établir les relations plus ou moins directes avec les pays d'origine.

Bien des animaux sauvages ou domestiques entrent dans la mythologie. Il me suffira de citer le paon de Vénus, la colombe d'Astarté, le taureau de Rhamman qui peut-être est un bison, l'antilope d'Ea, le serpent de Tsirou, l'Ureus égyptien, le chacal d'Anubis, etc., etc... Ces animaux, qui jouent un rôle très important dans les mythes antiques, sont autochtones ou d'importation étrangère. Dans ce dernier cas, la détermination de leur pays d'origine est fertile en déductions sur les origines de la religion elle-même.

Dans une classe moins élevée, les mollusques offrent souvent de très précieux enseignements.

Les coquilles marines étaient employées soit comme nourriture, non loin des côtes, soit comme ornements, dans tous les pays du monde. Leur provenance est facile à retrouver, leur présence indique des relations entre des pays souvent fort éloignés.

Les coquilles lacustres (*melania, melanopsis, cyrena*) m'ont souvent permis de retrouver en Susiane la trace d'anciens canaux, tandis qu'en Chaldée, grâce aux *unionidæ* fichés en terre dans leur position d'existence, j'ai pu reconnaître d'énormes étendues de marais antiques aujourd'hui asséchés, mais dont les terres sont restées vierges de toute culture.

Cette constatation est de la plus grande portée. Elle prouve qu'au début de l'histoire les divers districts de la Chaldée étaient séparés entre eux par de vastes étendues d'eau. Situation qui favorisa le développement de communautés distinctes, souches de la féodalité que Sargon l'ancien et Naramsin, les Louis XI du sixième millénium avant nous, réunirent sous leur sceptre.

Les coquilles terrestres permettent de reconnaître si des pays abrupts et desséchés aujourd'hui ont jadis été boisés, les *clausilia, cyclostoma*, certaines formes d'*helicéens*, etc., ne vivant que dans les forêts, leur présence ou leur absence dans l'humus et dans les alluvions récentes ne laisse aucun doute au sujet du boisement d'une région dans l'antiquité.

Il me serait aisé de citer une foule d'exemples montrant combien l'étude de la faune peut rendre de services à l'histoire. Je terminerai par un seul qui, par son importance, vaut d'être relaté.

En 1896, j'ai trouvé dans une sépulture préhistorique égyptienne, non loin d'Abydos, un petit collier composé de *limnées* étrangères à la faune actuelle de l'Egypte, coquilles très fragiles qui certainement n'ont pas été importées. Cette espèce, nouvelle d'ailleurs, appartient au groupe des *limnées* de Thrace et de Macédoine.

Deux suppositions seulement peuvent être faites : ou bien ces coquilles ont été apportées d'Europe à cette époque que j'évalue au xᵉ millénaire environ avant notre ère, ou bien. elles ont vécu dans la vallée du Nil.

La première hypothèse est inadmissible.

Dans le second cas, leur présence montre qu'il existait des relations naturelles, une communication entre la Grèce ainsi que la Turquie d'Europe d'aujourd'hui et l'Egypte. La mer Méditerranée n'était donc pas formée ainsi qu'elle l'est de nos jours, et les îles grecques faisaient alors partie d'un prolongement de continent.

Plus anciennement, ce continent existait à n'en pas douter ; les grands mammifères de Pikermi, proches parents d'ailleurs de ceux de Maragha en Perse, n'eussent pu vivre dans les espaces restreints de l'Orient méditerranéen ; il fallait à ces grands animaux non des îles, mais de vastes continents ; et ce sont ces terres qui ont laissé des traces jusque dans les sépultures préhistoriques de la vallée du Nil.

Ces déductions tirées de la présence de quelques coquilles dans un tombeau sont considérables, au point de vue de la possibilité du mélange des peuples dans la très haute, antiquité, alors qu'aujourd'hui les voies de leurs migrations ont complètement disparu.

Les populations modernes, plus ou moins héritières de celles qui les ont précédées, ont souvent conservé le type antique, quelques mots de l'ancienne langue, des légendes, des chansons, et pour ces raisons doivent être soigneusement étudiées.

La première opération à effectuer est de retirer de la carte ethnographique, par la pensée, tous les peuples dont nous connaissons historiquement la venue dans le pays et de réduire autant que faire se peut la population à ce qu'elle était dans l'antiquité, ou du moins aux éléments dont nous ne connaissons pas la venue. Ce sont ces éléments qu'il y aura lieu d'étudier. Ce premier travail est souvent fort difficile. En Egypte, par exemple, il semble être impossible, tant le mélange des races diverses est intime. La langue est l'arabe. Quant aux caractères physiques, ils ne permettent que de bien vagues distinctions.

Le meilleur guide en Orient est la linguistique ; car les mélanges de races sont extrêmement fréquents et souvent les nouveaux venus s'adaptent le type ambiant. C'est ainsi que l'anthropologie a fait des Ossèthes du Caucase un peuple caucasien, alors que ce sont de purs aryens, parlant un dialecte iranien spécial apparenté au Kurde et de forme très archaïque, tribu perdue depuis trois ou quatre mille ans au moins au milieu de populations Karthweliennes les entourant de toute part.

Il est des cas où les caractères linguistiques persistent alors que les caractères anthropologiques primitifs ont disparu; il en est d'autres où c'est l'inverse qui a lieu. Les deux méthodes d'examen d'un peuple doivent s'aider l'une l'autre; mais je donnerai, pour ma part, toujours la préférence aux conclusions linguistiques lorsque la population envisagée possède, non pas un dialecte d'une langue parlée non loin d'elle, mais une véritable langue présentant ses particularités fondamentales qu'on retrouve éparses dans les grammaires et les vocabulaires d'un groupe linguistique tout entier. Il est rare d'ailleurs que les observations anthropologiques et ethnographiques ne viennent pas à l'appui des données linguistiques.

L'anthropologie livrée à elle-même rend souvent des services en agissant isolément; ainsi dans l'Arabistan on distingue aisément par des mensurations, et je dirais presque d'un coup d'œil, les descendants des Négritos aborigènes des Persans et des Sémites nouveaux venus. La langue des Négritos a disparu et se trouve remplacée par l'arabe et par un dialecte iranien, le Dizfouli. Mais rien ne prouve qu'une étude approfondie des dialectes iraniens et sémitiques du pays ne fasse pas retrouver bien des termes de l'ancienne langue aujourd'hui perdue. Quelle surprise serait la nôtre si nous y retrouvions des éléments Anzanites!

Il n'est pas un seul peuple qui ne possède encore quelques usages de ses ancêtres. De plus, ce peuple, vivant dans le même pays et dans les mêmes conditions, ou peu s'en faut, que celui qu'il importe d'étudier, c'est dans ses coutumes qu'il convient de chercher, plus que partout ailleurs, l'explication des faits archéologiques que nous ne nous expliquons pas de suite.

On trouve en Mésopotamie et dans l'Elam une grande quantité de têtes de masses d'armes en pierre (calcaire, quartz, hématite, etc.); on voit également cette arme figurer sur bon nombre de stèles et de bas-reliefs. Or il n'est pas aujourd'hui un seul paysan de Chaldée qui ne circule armé d'un court bâton emmanché dans une boule de bitume formant massue et cette arme est fort dangereuse entre ses mains.

Le caractère général des peuples modernes n'est souvent plus celui de leurs ancêtres; cela tient à des changements de religion, à des assujettissements prolongés au joug étranger. J'aime à croire, par exemple, qu'il existe une grande différence entre les vainqueurs de Valérien et les Persans d'aujourd'hui, entre les vaincus des Thermopyles et ceux de Larissa, entre les cohortes égyptiennes de Qadèch et celles dont disposait Osman Pacha à Plewna. Tel peuple guerrier dans l'antiquité est devenu commerçant. Malgré cela, l'étude de sa forme moderne aide puissamment à la compréhension de ses mœurs anciennes.

III

DES DIVERSES SOURCES ARCHÉOLOGIQUES DE L'HISTOIRE

Les trouvailles d'antiquités et les découvertes sont deux choses toutes différentes ; les trouvailles sont accidentelles, les découvertes sont voulues, préparées à l'avance, cherchées au moyen de déductions scientifiques, de travaux parfois considérables.

De même que les documents nous parviennent de deux manières différentes, de même les gîtes des documents sont de deux natures diverses : les enfouissements dus au hasard, tels qu'une cachette oubliée, un objet perdu, les épaves d'un naufrage, et les gisements naturels, c'est-à-dire tous les lieux où l'homme a vécu, a travaillé, a guerroyé et ceux où il plaçait ses morts.

Je ne parlerai ni des trouvailles, ni des objets isolés qu'on rencontre si souvent dans le sol. Une trouvaille est un accident heureux ; quant aux objets isolés, rien ne peut faire deviner leur présence.

Les trouvailles amènent parfois des découvertes scientifiques d'un grand intérêt, car elles mettent sur la trace de gisements naturels importants qu'on peut dès lors explorer à loisir.

En Europe les terrassements pour les routes et les voies ferrées, le creusement des fossés, des fondations de maisons, des sablières, etc., et en général tous les travaux de terrassements, si nombreux dans les pays civilisés, ont amené un grand nombre de trouvailles fournissant par elles-mêmes une foule de documents et permettant d'exécuter des travaux scientifiquement conduits.

En Orient, les trouvailles sont bien moins nombreuses qu'en Europe parce qu'on effectue peu de travaux de terrassements : le traçage des canaux, le creusement de quelques argilières sont les seules raisons d'ouvrir le sol. Mais l'Orient présente sur l'Europe cet avantage que les constructions ont, en général, laissé des traces extérieures et que, par suite, il n'y a souvent pas à pratiquer de travaux de recherches pour découvrir le site précis d'une ville antique.

Dans toute l'Asie antérieure et en Egypte, les villes et les villages de l'antiquité ont laissé d'énormes amoncellements de ruines, de terre et de détritus ; ils portent le nom de *koms* en Egypte, de *tells* dans les pays arabes d'Asie,

de *tepehs* dans le plateau persan, la Turkomanie, le Taurus et l'Asie Mineure,
et de *kourgans* en Russie.

Le kom et le tell sont toujours des éminences importantes, restes de villes
ou de gros villages, tandis que le tépèh et le kourgan sont aussi bien de simples tumuli funéraires que des ruines de villes.

La plupart du temps, les tells (c'est ainsi que je désignerai les ruines de
villes) ne présentent à l'extérieur aucune trace de monuments; ce sont des
buttes plus ou moins étendues, plus ou moins élevées, aux pentes rapides,
sillonnées de ravins creusés par les pluies et semblant être au premier abord
des collines naturelles. Toutefois, leur couleur, leur position insolite par rapport à la configuration naturelle du pays permettent de les distinguer à première vue, de fort loin même.

En Egypte, les koms sont noirs et leur couleur foncée tranche nettement
sur le brun des limons du Nil.

En Chaldée, les tells sont grisâtres; en Elam, ils sont couverts d'herbe et
de même couleur que le sol; leur forme seule permet de les distinguer. Dans
les pays montagneux du Nord, en Iran, en Arménie, en Asie Mineure, leur
silhouette fait réellement tache dans le paysage; on reconnaît de suite une
butte artificielle.

Dans les grandes plaines comme la Russie, les steppes de Moughan, de Turkomanie, dans la Chaldée, l'Arabistan, on les reconnaît de loin parce qu'il
n'existe pas naturellement le moindre accident de terrain.

Quelques tells, mais ils sont rares, présentent encore, à l'extérieur, des
murailles ou les restes de monuments sortant du sol. Babylone est dans ce
cas et lorsque Loftus visita Suse, quelques-unes des colonnes de l'Apadana
étaient encore apparentes.

A côté de ces ruines très anciennes, il en est d'autres plus récentes, où les
monuments ont laissé des restes imposants : Palmyre, Hatra, Circesium,
Kasr-é-chirin, Persépolis, etc.

En Egypte, pays où la conservation est merveilleuse, les ruines sont plus
imposantes que partout ailleurs. Je m'abstiendrai de citer un seul nom, tant
ces monuments sont connus.

En Europe, les sites des villes sont plus difficiles à retrouver qu'en Orient;
souvent les habitations modernes sont construites sur les débris de l'antiquité, et presque toujours les cultures et les plantations sont venues uniformiser l'aspect du pays.

Quant aux tumuli funéraires, ils se reconnaissent aisément à leur forme.

Dans les régions tropicales, il est difficile, sinon impossible, de découvrir, sans pratiquer des fouilles, le site d'une ville antique, à moins que les ruines de quelque grand monument n'en viennent signaler la place. C'est que les pluies et la végétation sont de puissants niveleurs du sol.

Si les sites des villes sont relativement faciles à retrouver, il n'en est pas de même pour les nécropoles dont souvent les tombes ne portent aucun monument extérieur.

En France, les cimetières gaulois, romains et francs ne peuvent être rencontrés que fortuitement. Il en est de même pour les tombes étrusques et grecques, pour la plupart des sépultures égyptiennes dont les monuments extérieurs ont disparu.

Dans la Transcaucasie, l'Arménie, la Perse du Nord, les cistes sont cachés sous la terre. Quelquefois les pluies ont mis à nu les dalles supérieures de quelques sépultures ; d'autres fois la nécropole se trouve signalée par la présence de quelques tumuli ou de quelques dolmens, tombeaux de personnages importants.

La position topographique des nécropoles varie à l'infini. Les Egyptiens avaient coutume de porter leurs morts au désert, plus spécialement sur la rive gauche du Nil ; les Romains enterraient sur le bord des routes, à la sortie des villes, des villages ou des camps ; les Francs sur les collines à flanc de coteau ; les peuples du nord de l'Iran et de l'Arménie comme les Francs, etc. ; chaque pays, chaque nation avait ses usages dont la description formerait un volume entier.

Pour tous les pays de l'Europe et pour bien des régions de l'Orient, il existe des mémoires archéologiques permettant de se renseigner sur les rites funéraires dans l'antiquité.

En dehors de ces sites antiques, il en est une foule d'autres présentant un grand intérêt, mais que nous devons cependant considérer comme accidentels ; ce sont :

Les sources et les lacs, les gués sacrés où les voyageurs jetaient leurs offrandes ; les temples isolés, tel que celui d'Anoukit, déesse de la cataracte dans l'île de Séhel, près d'Assouan ; les sources thermales très en honneur sous l'empire romain ; les cavernes qui parfois renfermaient des sanctuaires vénérés. Tous ces lieux doivent être explorés lorsqu'on a la bonne chance d'en rencontrer.

Le premier soin du fouilleur doit être d'établir une coupe des formations artificielles afin de pouvoir ensuite mener méthodiquement ses recherches.

Dans les cavernes, entre autres, ne rencontre-t'on pas fréquemment toutes les civilisations superposées, depuis celle contemporaine du renne jusqu'aux produits des temps modernes? Une coupe bien relevée permettra d'établir la chronologie des couches et de les examiner séparément.

IV

DE LA MAIN D'ŒUVRE

Il ne peut être question ici des petites entreprises occupant un nombre d'ouvriers très restreint, mais bien des grandes fouilles dans lesquelles le nombre des hommes s'élève parfois jusqu'à douze ou quinze cents.

Conduire mille hommes n'est pas plus difficile que d'en mener deux cents; il suffit de les encadrer par escouades et de faire, dans ses travaux, autant de groupes d'escouades qu'il y a de chantiers principaux d'attaque.

A Suse, j'ai fouillé avec 1200 ouvriers; au déblaiement du temple de Kom Ombos, j'en ai occupé jusqu'à 800; à Dahchour, j'opérais avec 300, et dans tous les cas, quel que fût le nombre d'hommes sur les chantiers, il ne s'est jamais produit le moindre désordre, et le rendement moyen de la main d'œuvre s'est trouvé être le même pour un grand nombre d'ouvriers que pour un plus faible.

Il faut, avant tout, proportionner le nombre des ouvriers employés à l'importance des travaux entrepris, faire d'abord le cube approximatif du volume de terre à enlever, évaluer en nombre de journées le temps qui sera nécessaire, calculer en jours le temps dont on dispose et, avec ces données, établir le nombre d'hommes, la répartition des chantiers et le lieu où les déblais seront portés.

Aucune hésitation n'est permise lorsqu'on commande à des milliers de bras. Avant même qu'un travail soit terminé, il faut indiquer aux contremaîtres les points où de nouveaux chantiers seront ouverts. Il est nécessaire pour cela d'avoir préparé à l'avance la méthode d'attaque ou d'exploitation d'une manière précise pour plusieurs mois, plusieurs années souvent et, si la chose est possible, pour l'épuisement du site.

Lorsqu'une découverte nécessite des modifications dans les chantiers, il faut faire ces changements sans hésitation, tout en disposant le nouvel ordre de choses de telle manière qu'il permette de rentrer aisément dans le plan d'ensemble.

J'ai vu des archéologues hésiter sur le terrain, sur les chantiers qu'ils devaient ouvrir, tandis que leurs ouvriers restaient sans travail. J'en ai vu d'autres commençant des tranchées pour les abandonner avant qu'elles aient pu produire le moindre résultat et en entreprendre de nouvelles. Ces deux manières de procéder retirent au chef la confiance de l'ouvrier, confiance beaucoup plus utile qu'on ne serait tenté de le croire.

En dehors de ce fâcheux résultat, il en est un autre qu'on ne doit pas négliger : dix minutes perdues par mille hommes font 166 heures, soit 21 journées d'ouvrier. C'est une force vive perdue sans la moindre utilité.

C'est en Europe qu'on rencontre la meilleure main d'œuvre, et son rendement n'est guère plus coûteux qu'en Orient. Les ouvriers français, italiens, belges, sont de merveilleux terrassiers, joignant à la force l'intelligence nécessaire pour qu'on puisse leur confier des travaux délicats. Mais ils ne peuvent être employés qu'en Europe ; il serait trop dispendieux et trop encombrant de les mener en Orient. J'ai cependant eu, dans mes fouilles au Caucase, des ouvriers italiens, mais j'en ai vite fait des contremaîtres chargés de conduire les indigènes.

Les meilleurs ouvriers de tout l'Orient sont sans contredit les Grecs, quand on peut s'en procurer. Leur travail est comparable à celui des terrassiers italiens ; malheureussment on n'en rencontre que dans l'Asie Mineure, le Taurus et le Caucase ; partout ailleurs ils ne se louent pas et 'généralement se livrent au commerce.

Les Orientaux, chrétiens ou musulmans, sont de fort médiocres travailleurs ; les moins mauvais sont les Arméniens, les Géorgiens et les Persans, c'est-à-dire les gens de race aryenne. Les Tartares et les Turkomans sont fort inférieurs ; les Sémites, Arabes, Chaldéens, Syriens, etc., fournissent la plus mauvaise main d'œuvre.

Lorsque je fouillais en Turcomanie persane, j'employais des Afghans, les Benghéchis, tribu déportée dans les environs d'Asterâbâd.

A Suse, j'ai fait usage des Arabes et des Lours dans les premières années ; mais j'ai dû renvoyer peu à peu tous les chantiers de Sémites pour conserver seulement les Iraniens.

Le fellah égyptien passe à tort pour un merveilleux travailleur. J'ai très fréquemment calculé le rendement moyen, par tête, de mes ouvriers et ai trouvé un chiffre très inférieur au produit, non seulement de l'Europe, mais même de la Perse. Le fellah n'agit que par le nombre et mes 300 ouvriers de Dahchour eussent été très avantageusement remplacés par cinquante terrassiers grecs ou italiens.

Dans la haute Egypte, le travail est encore plus médiocre que dans la basse vallée du Nil. En Nubie, il est au-dessous de tout ce qu'on peut prévoir.

Aux Indes, j'ai employé des ouvriers du sud ; ils sont fort médiocres, quoiqu'intelligents, mais sans force. Ils se font rapidement à toutes les méthodes qu'on leur enseigne et à tous les outils qu'on met entre leurs mains, à la condition cependant qu'ils soient très légers.

Les Indiens du nord sont tout aussi souples que ceux du sud, mais beaucoup plus forts.

Dans les pays malais, la moins mauvaise main d'œuvre est celle des Chinois ; si j'en excepte les Javanais, les Malais sont en général incapables de tout travail pénible.

J'ai fréquemment employé des Chinois de Hainan dans la péninsule malaise ; leur travail est des plus médiocres. Quant aux outils qu'ils emploient, ils leur sont spéciaux et pour rien au monde ils n'en changeraient. Le transport des déblais se fait au moyen de paniers suspendus aux extrémités d'un long et flexible bâton et se pratique à dos d'homme.

D'ailleurs, la main d'œuvre en Extrême-Orient ne présente qu'un intérêt bien secondaire au point de vue des fouilles archéologiques. La Chine est encore fermée et les autres pays sont sans histoire bien ancienne.

Dans tous les pays européens, l'ouvrier suit la même méthode de travail, fait usage de la pioche, de la pelle, de la brouette, du wagonnet et de tout le matériel qu'on met à sa disposition. Un instrument est-il nouveau, il s'y habitue rapidement et se familiarise avec lui.

En Orient, c'est une toute autre affaire. Chaque peuple a ses usages dont il ne veut pas se départir.

Le fellah égyptien se refuse à l'emploi des outils européens ; la pelle, la pioche, la brouette n'existent pas pour lui ; il lui faut son « fas », sorte de raclette, et la « kouffe », panier qu'il remplit avec ses mains.

Dans les travaux du Canal de Suez, on est parvenu à l'emploi des procédés d'Europe. C'est que là le fellah travaille côte à côte avec le Grec, le Maltais, l'Italien et que, d'ailleurs, s'il ne travaille pas comme il est ordonné par l'administration, il est renvoyé des chantiers.

De 1892 à 1897, je n'ai vu que cet exemple en Egypte ; dans toutes les autres administrations les travaux de terre se faisaient par les moyens indigènes.

Le chemin de fer à voie étroite du système Decauville était cependant déjà en usage dans le service des antiquités avant mon arrivée. M. Grébaut, mon prédécesseur, avait doté notre administration d'un matériel considérable.

Chez les Arméniens, les Géorgiens et les Persans, la pelle est d'un usage courant; l'emploi de la pioche également ne souffre aucune difficulté. Mais ces populations refusent l'usage de la brouette et généralement se servent du zembil, panier des Egyptiens, pour le transport des déblais. L'emploi du wagonnet sur rails a pleinement réussi dans mes fouilles de Suse.

En Chaldée, les Allemands ont apporté à Babylone des wagonnets que les Arabes chargent à l'aide de paniers. A Niffer, les Américains et, à Telloh, la mission française de Sarzec fouillent avec les moyens du pays.

Les outils indigènes en Orient sont tous inférieurs à la pioche et la pelle; il convient donc d'apporter avec soi d'Europe les instruments nécessaires et d'accoutumer de suite les ouvriers à leur usage.

Cette recommandation est importante; mais il est plus important encore d'assurer les transports des déblais au plus loin et dans les meilleures conditions.

Les déblais doivent toujours être portés dans des terrains stériles au point de vue archéologique ou dans des cours d'eau qui les emportent, s'il s'en trouve un près des ruines.

Dans le cas où, les ruines étant très vastes, les terrains stériles sont fort éloignés des chantiers, il est nécessaire de sonder avec soin les terrains où les déblais doivent être déposés. Bref il faut prendre toutes les précautions nécessaires pour ne point être forcé de remanier une ou plusieurs fois ses propres déblais.

A Suse, je les jette sur les pentes du tell; à Kom Ombos, Medinet Habou, Karnak, etc., je les faisais couler au Nil; à Dahchour, je les déposais dans les terrains sondés à l'avance.

Cette notion au sujet des déblais semble manquer à beaucoup d'archéologues travaillant en Orient. Ils économisent en général le prix d'achat d'un matériel roulant, mais perdent dix fois sa valeur dans le transport à la couffe et sont toujours gênés par leurs déblais.

Le transport au panier n'est admissible que pour le déblaiement des puits et en général des édifices dans lesquels une voie ferrée ne peut pénétrer.

L'organisation des chantiers importe plus encore que la qualité de la main d'œuvre unitaire. Car c'est d'elle que dépend la bonne marche des travaux, leur régularité, leur propreté, la précision des observations et la bonne conservation des objets.

En Europe, comme en Orient, les ouvriers doivent être partagés en escouades de 50 hommes au plus, chaque escouade étant commandée par un chef spécial responsable de son chantier et du matériel qui lui est confié.

Les escouades sont groupées en nombre convenable pour produire, en un temps prévu, l'effet voulu sur un point déterminé, et chaque groupe d'escouades ou section doit être surveillé par un contre-maître.

Chaque escouade doit posséder ses moyens de transport des déblais, la pose des voies ferrées étant faite par des hommes indépendants du chantier et spécialement attachés à ce service.

Tout le matériel roulant dont on dispose étant affecté à des chantiers, il est nécessaire d'avoir toujours sous la main une escouade volante, destinée à se porter sur tel ou tel point où les moyens sont accidentellement devenus insuffisants. Cette escouade volante, on peut en temps ordinaire l'employer à effectuer des sondages dans les parties des ruines encore vierges.

Une surveillance incessante des ouvriers est indispensable au point de vue de leur activité au travail, et aussi pour prévenir des détournements d'objets antiques.

En Egypte, ces détournements sont plus rares qu'en Chaldée, tout au moins dans les travaux du Service des Antiquités; mais, en Mésopotamie, ils sont pour ainsi dire inévitables, le gouvernement local n'y attachant aucune importance et les moyens de répression faisant défaut.

En Perse, les pénalités appliquées dépendant uniquement du bon plaisir du gouverneur local, il suffit que ce gouverneur soit muni d'instructions formelles de Téhéran pour qu'aucun détournement ne soit commis dans les travaux.

La Chaldée est, certainement, de tous les pays du monde celui où le vol et le commerce des antiquités a pris la plus grande extension. Tout Syrien, tout Juif est un marchand d'antiquités authentiques ou fausses; il a ses agents qui parcourent le pays, qui entrent comme ouvriers dans les chantiers des archéologues et achètent aux terrassiers les objets dérobés. Il a d'autres agents à Bassorah, afin d'éviter la visite des douanes, ses représentants à Londres, à Paris, à Berlin, qui alimentent le marché européen de documents ayant perdu la majeure partie de leur intérêt parce qu'on ne sait pas d'où ils proviennent et dans quelles conditions ils ont été trouvés.

Ces deux genres de surveillance sont du domaine des contre-maîtres et des chefs d'escouade; on les fait surveiller eux-mêmes et on les contrôle au moyen d'une police secrète, dont chaque chantier renferme un ou plusieurs agents; d'autres font des enquêtes dans les villes voisines, dans les campements d'ouvriers, auprès des caravaniers. Le clergé musulman est parfait pour cette sorte de surveillance.

Dégagé de tous soucis matériels, l'archéologue peut s'adonner entièrement au côté scientifique de ses travaux, noter les moindres indices, relever les plans, faire des croquis : les plus petits détails sont souvent d'une importance capitale. D'ailleurs, lorsqu'il se fait une découverte, l'archéologue doit en dresser un procès-verbal détaillé avec croquis de la position relative des divers objets. Ces notes présentent au point de vue scientifique souvent plus d'importance que les objets eux-mêmes.

Ainsi, lorsqu'en Egypte j'ai ouvert moi-même la chambre funéraire du roi Rafou-ab, j'ai, avant de toucher aucun objet, fait un dessin détaillé de tout ce que renfermait cette pièce, et c'est en faisant ce procès-verbal que j'ai trouvé la caisse renfermant les vases canopes du défunt scellée du sceau d'Amenemhat III. Le cordon se trouvait encore attaché autour du coffre, mais un souffle l'enleva après que je l'eus noté !

L'archéologue doit être présent aux découvertes ; il doit au besoin travailler de ses propres mains, afin de se mieux rendre compte d'une foule de détails qui lui échapperaient sans cela ; il doit faire son enquête avec tout le soin dont il est capable et en noter les phases diverses avec une absolue bonne foi ; car une supercherie de sa part serait d'autant plus coupable que la plupart du temps le contrôle manque et que, par suite, les documents qu'il livre à la science ne ressortent que de sa conscience.

On m'excusera d'insister à ce point sur un sujet aussi délicat que la bonne foi scientifique, mais nous connaissons, hélas ! des mensonges célèbres et d'importantes collections citées dans bien des ouvrages ne sont qu'un tissu de supercheries.

Celui qui ne trouve pas lui-même n'a pas le droit de dire : *J'ai trouvé*, et de donner son témoignage. Des circonstances heureuses l'ont mis en possession des objets ; souvent il a fait tout le nécessaire pour qu'on les découvre par son ordre et sur ses indications ; mais il ne peut certifier directement l'authenticité de la découverte ; il doit s'en rapporter à ceux qu'il a chargés de la surveillance du travail.

Toutes les découvertes décrites dans mes livres, je les ai faites moi-même ; celles de mes attachés sont inscrites sous leur nom.

Il y a quelques années encore on ne surveillait généralement pas soi-même ses fouilles, on recevait les objets trouvés sans s'inquiéter du rapport qui se trouvait entre eux *in situ*, on publiait les monuments pour eux-mêmes et par eux-mêmes, sans plus de renseignements que s'ils étaient sortis de la boutique d'un Syrien de Bagdad ou d'un Juif du Caire. Que de renseignements précieux ont été ainsi perdus !

Cent objets se trouvent ensemble ; un seul est daté par une inscription, et il date toute la série. Que deviendrait l'intérêt de cette trouvaille, si elle nous parvenait mélangée avec d'autres découvertes d'objets plus anciens ou moins anciens ? Est-ce pour recueillir des objets de valeur marchande que nous travaillons ou pour rassembler des documents scientifiques ?

Souvent les ouvriers rencontrent des objets isolés qu'ils ramassent et remettent au chef de section ; le soir ils sont recueillis ; s'ils sont importants, il est aisé alors de se faire expliquer la position qu'ils occupaient, la profondeur à laquelle ils ont été trouvés. Ces renseignements ne sont pas, il est vrai, du prix de ceux recueillis sur place et dans le moment de la découverte par un homme compétent ; mais ces sortes de trouvailles se reproduisent journellement et on ne peut en éviter les conséquences.

Il est bon d'encourager les ouvriers en leur donnant une légère gratification pour chaque objet qu'ils trouvent et de faire également de petits cadeaux aux chefs de sections. Mais ces gratifications doivent être proportionnées, non pas à l'intérêt que présente l'objet, mais à sa taille, à la matière qui le compose, sans quoi les ouvriers apprendraient bien vite quels sont les objets de valeur et c'est sur ceux-là que porteraient de suite les détournements.

En Egypte, lors de chacune de mes grandes découvertes, je faisais tuer des buffles pour mes ouvriers. A Suse, je donne en argent les gratifications.

Je n'insisterai pas davantage sur la main d'œuvre ; je serais obligé d'entrer dans le détail des mœurs de chacun des peuples chez qui j'ai pratiqué des fouilles. Ceux qui voudront suivre mes conseils étudieront le caractère des populations chez lesquelles ils désirent travailler, useront tout d'abord de diplomatie dans leurs premiers rapports avec elles et apprendront rapidement que, dans les pays d'Orient, il est de ces choses qu'on ne doit jamais dire ou faire sous peine de risquer non seulement le succès de l'expédition, mais aussi sa propre existence.

V

DES FOUILLES D'UNE VILLE ANTIQUE

Plusieurs cas peuvent se présenter au sujet du site d'une ville antique.

Ou bien le site de cette ville est connu soit par l'histoire soit par la tradition locale, ou bien son nom est complètement oublié.

Dans cette dernière occurrence les décombres renferment ou non des vestiges apparents de grands monuments.

Ces divers cas, nous allons les examiner en citant quelques exemples.

Le site de la plupart des capitales antiques est aujourd'hui connu ; souvent même il est encore habité et porte un nom dérivé de l'ancien. Parfois aussi le centre d'habitation s'est quelque peu déplacé et les ruines s'élèvent à quelque distance de la nouvelle ville.

En Egypte, l'Alexandrie d'aujourd'hui est construite en majeure partie sur l'emplacement de l'ancienne ville. Il en est de même pour Rome, Constantinople, Paris, Lyon, Marseille, Amiens, Naples, Smyrne, Athènes, Hamadan, etc.

Au contraire, les ruines de Ninive sont à quelque distance de Mossoul ; celles de Babylone, de Séleucie, de Ktésiphon sont éloignées de Bagdad ; celles de Memphis à dix ou douze kilomètres en amont du Caire ; celles de Persépolis à quelques heures de cheval de Chiráz, etc.

On peut conclure de ces observations que les lieux aujourd'hui habités l'ont presque toujours été dans l'antiquité ; l'inverse, toutefois, est loin d'avoir lieu.

Une ville est connue par l'histoire ; nous savons dans quelle région elle s'élevait ; il importe de retrouver exactement ses ruines.

On parcourra le pays en tous sens, relevant avec soin les traces de digues, de routes, de sentiers tracés dans les montagnes par les pas des bêtes de somme, les ruines de ponts, les tells artificiels, quelque petits qu'ils soient, et toutes ces indications seront portées sur la carte ; la région où elles se trouvent en plus grand nombre sera sûrement celle de la ville. En procédant de la sorte, on réduira l'aire des recherches. Si cette ville a laissé des monticules, son site sera rapidement reconnu ; sinon, il faudra se guider par l'abondance plus ou moins grande des fragments de poterie antique, de briques et de débris de constructions.

Cet examen terminé et ses résultats étant pointés sur les plans, on commencera les fouilles par de longues tranchées droites coupant les terrains qui auront semblé les plus favorables pour les raisons que je viens d'exposer.

S'il existe à la surface du sol des fragments ayant fait partie d'un monument important, tels que chapiteaux, frises, etc., c'est là qu'il faudra faire une attaque par des tranchées se croisant autant que possible à angle droit. Ces tranchées devront être poussées jusqu'au sol en place et approfondies tant qu'on rencontrera des vestiges du travail de l'homme.

Ce cas est fort rare ; mais le plus fréquent, en Orient surtout, est de rencontrer un tell portant un nom moderne sans intérêt et dont l'antique dénomination est perdue.

Rarement ces tells contiennent des ruines apparentes. Dans ce dernier cas, il faudrait commencer par les déblayer et ce travail fournirait probablement le nom de la ville inscrit sur une brique, sur une tablette ou sur une pierre.

Le tell n'est le plus souvent qu'une simple colline plus ou moins étendue et plus ou moins haute ; il faut alors en parcourir avec soin les pentes et les ravins creusés par les pluies ; recueillir les moindres fragments qui, pour un observateur exercé, permettent de dresser aisément une coupe du monticule. En même temps on fait un croquis topographique des ruines.

Ce travail préparatoire étant terminé, on attaquera par une tranchée, coupant le tell tout entier, dans sa partie la plus large et la plus élevée. C'est là qu'on a la plus grande chance de rencontrer les murailles d'un grand monument, temple ou palais. Ces tranchées doivent être menées aussi profondément que possible ; elles fourniront les renseignements nécessaires pour l'organisation de la fouille complète, s'il y a lieu de l'exécuter.

Un autre procédé d'investigations consiste dans le foncement de puits, jusqu'à la rencontre du sol naturel. Mais, les puits occupant une très faible section, je leur préfère des galeries de mines creusées à des niveaux divers et marchant vers le centre du monticule.

A Suse, la campagne de fouilles de 1897-98 a surtout été consacrée aux recherches. Dans la Ville Royale j'ai fait deux tranchées, l'une de 200 mètres de longueur et de 5 à 6 mètres de profondeur ; l'autre, longue de 30 mètres, est descendue jusqu'à 15 mètres de profondeur. Ces deux fouilles m'ont appris que la partie des ruines dites Ville Royale Achéménide présente une épaisseur très considérable de restes de l'époque perse et que les vestiges élamites sont aujourd'hui profondément enfouis.

Pendant ce temps, je perçais le tell de l'Acropole de cinq galeries; dans aucune d'elles je n'ai rencontré de débris achéménides; et je coupais d'une tranchée longue de 180 mètres le monticule dans sa plus grande largeur.

Je n'étais pas descendu à 2 mètres de profondeur que je trouvais des briques inscrites susiennes et des objets élamites; la couche correspondant aux époques arabe, sassanide, parthe, séleucide et achéménide était donc fort peu épaisse et nous entrions de suite dans les ruines élamites. Or, mon but n'était pas d'étudier la période achéménide, mais bien de retrouver les vestiges de la Suse élamite; j'abandonnai les tells de la Ville Royale et concentrai tous mes efforts sur l'Acropole.

Je pensais rencontrer quelque grand monument en assez bon état pour qu'il fût possible d'en étudier tout au moins le plan, ce qui m'eût obligé à une méthode spéciale d'attaque, à celle des déblaiements; mais je reconnus bientôt que tout se trouvait dans le plus grand désordre et que les documents, même les plus importants, étaient épars au milieu des décombres. Cette constatation me fit adopter une méthode d'exploitation, je puis dire industrielle, de l'Acropole.

Partageant les ruines en deux parties, de surface presque égale, par une ligne droite suivant leur plus grande dimension, j'ai tracé sur le plan une série de lignes parallèles distantes de 5 en 5 mètres; l'intervalle compris entre deux de ces lignes indique la position d'une tranchée, les plus longues étant de 90 mètres environ.

Les deux séries de tranchées ont leurs déversements des déblais sur les flancs du tell.

Pour des chantiers munis de wagonnets, l'expérience démontre qu'une tranchée doit être de 5 mètres de largeur. Cette dimension est celle qui, à nombre égal d'ouvriers, donne le travail le plus rapide.

La cote maxima de la partie la plus élevée de l'Acropole était de 35 mètres environ au-dessus de la plaine. Je divisai cette hauteur en sept niveaux de 5 mètres chacune. Dans ce cas encore, l'expérience prouve qu'en jetant de 5 mètres de hauteur les déblais dans les wagons les ouvriers ne dégradent pas le matériel. Une plus grande hauteur est nuisible et une moindre n'est pas économique, par suite des changements plus fréquents de la voie ferrée et des ouvertures de tranchée plus nombreuses.

Pour ouvrir une première tranchée, on place sur le sol la voie ferrée contre l'un des cordeaux limitant le terrain à excaver, puis on fonce une tranchée de 4 mètres de large sur 2 mètres et demi de profondeur; la voie est alors descendue et portée contre la paroi opposée à la situation qu'elle occupait.

Le volume à enlever comprend alors : 1º la banquette sur laquelle reposait la voie; 2º un prisme de 2 m. 50 × 4 m. 00 de section, et, enfin, 3º une dernière banquette large de 1 mètre et haute de 2 m. 50, dont l'enlèvement se fait après le second déplacement de la voie qui, dès lors, occupe en dernier lieu au fond dela tranchée, la bande sur laquelle elle se trouvait au début du travail.

Cette voie est ainsi toute posée pour l'ouverture d'une tranchée voisine, les déblais étant jetés de haut en bas dans les wagonnets.

Une première tranchée de 5 mètres étant ouverte, on en mène deux autres, contiguës et parallèles à la première, l'une à droite, l'autre à gauche, afin de donner à l'ensemble des fouilles 15 mètres de largeur, soit trois tranchées. C'est alors seulement qu'on peut ouvrir au milieu de cet espace une tranchée plus profonde et atteindre le niveau de 10 mètres. Pendant ce temps d'autres chantiers portent l'ouverture à la surface à 25 mètres, en sorte qu'il devient possible de descendre au deuxième niveau (de 10 mètres de profondeur) sur une largeur de 15 mètres, et ainsi de suite.

Dans les travaux de peu d'importance, les déblais peuvent être portés au loin du tell dans la plaine, au moyen d'un chemin de fer aérien sur câble métallique (1), mais, pour un déversement journalier de 3 à 400 mètres cubes, cette méthode est insuffisante ; c'est donc sur les flancs même des ruines qu'il est nécessaire de verser les déblais.

Une sérieuse difficulté se présente alors, car, en creusant les tranchées au deuxième niveau, on est obligé de remanier une partie des déblais du premier et l'inconvénient, léger au début, s'accroît au fur et à mesure d'un travail plus profond.

A Suse, j'ai obvié à cet inconvénient en laissant, sur tout le pourtour de la colline, un massif peu épais de terre vierge soutenant les déblais et en perçant dans cette muraille de loin en loin des portes pour le passage des wagons.

Cette difficulté n'existe que pour les tells considérables et très élevés, comme est l'Acropole de Suse. Si les ruines n'avaient présenté que 15 mètres de hauteur, j'aurais employé une méthode d'attaque différente pour l'ouverture de la première tranchée et les premiers déblais m'auraient servi à créer une sorte de digue s'avançant au loin dans la plaine pour le déversement des produits de la fouille.

(1) J.-E. Gautier, dans ses fouilles de Tell-et-Tin, a employé avec succès ce procédé.

L'attaque se serait faite en tête des wagonnets et non sur leur flanc, la première coupure étant déblayée à la pelle, quelques mètres de rails auraient été posés pour relier le front de taille aux déversoirs. Dans ce cas il est nécessaire d'employer des wagonnets spéciaux déversant en avant pour l'attaque des tranchées seulement.

Quinze mètres de hauteur pour le tell, dix pour le niveau des voies ferrées les plus hautes, c'est le maximum qu'on puisse pratiquement attaquer par cette méthode.

Bien que nous fassions usage de procédés industriels courants, il ne faut pas oublier que bien rarement, en Orient surtout, l'archéologue dispose de main-d'œuvre intelligente et accoutumée aux manœuvres compliquées, et que, d'ailleurs, se trouvant à chaque instant exposé à transformer sa méthode d'exploitation en un déblaiement de monument, il lui faut avoir toujours à sa disposition des dégagements très vastes et très simplement établis.

L'exploitation méthodique par niveaux présente de très grands avantages ; elle permet à l'archéologue de conserver ensemble tous les objets découverts, la même profondeur et favorise le déblaiement des constructions lorsqu'il s'en présente.

Admettons, par exemple, que le sol d'un temple ou d'un palais se trouve à 18 mètres de profondeur et que les murailles s'élèvent de trois mètres dans les parties les plus hautes, on découvrira la partie supérieure du tell par l'exploitation régulière des trois niveaux supérieurs, puis on établira un faux niveau à 18 mètres pour le déblaiement.

Dans la plupart des cas, il n'y a pas le moindre intérêt à conserver les ruines qu'on rencontre dans les tells de l'Orient ; elles sont généralement en mauvais état, composées de matériaux mal liés entre eux et quelques hivers suffisent pour les détruire.

Il faut les relever avec grand soin, les photographier, puis les démolir et rendre aux tranchées leur régularité d'exploitation.

C'est en démolissant ces vieilles murailles sans intérêt qu'on trouve les textes de fondation, les barillets et aussi des objets très importants ayant joué le rôle de pierre à bâtir (1). Souvent un monument avait été élevé sur les ruines d'un autre plus ancien, dont on trouve les vestiges sous les dallages du plus récent (2).

---

(1) Bien des koudourrous ont été trouvés à Suse dans ces conditions.
(2) J'ai constaté ce fait entre autres dans les ruines du temple de Phtah à Mit Rah néh (Memphis).

Si la conservation du monument présentait un intérêt, il faudrait l'isoler et sacrifier toute la portion du tell sur laquelle il repose, partie qui souvent est la plus intéressante des ruines de la ville.

L'exploitation complète d'un tell ne doit être faite que dans des conditions spéciales, quand le temps et les moyens dont on dispose le permettent. Autrement il faut explorer les ruines par des tranchées et ne déblayer que les parties intéressantes.

Dans une ville antique il y a lieu d'examiner, en premier lieu, ses temples et ses palais, ensuite ses fortifications, ses portes et, si l'on en a le loisir, les maisons des particuliers. L'enceinte se retrouve dès les premiers coups de pioche ; généralement elle est en terre crue ou, ce qui revient au même, en briques séchées au soleil. On en suivra aisément les parements intérieurs, alors que ceux de l'extérieur sont généralement méconnaissables. Ces ruines ne fournissant que fort peu d'indications, il y aura lieu de rechercher les portes qui souvent étaient ornées ou construites en matériaux de choix.

Les palais et les temples, lorsqu'ils étaient importants, ont quelquefois laissé des vestiges à la surface du sol ; il suffira d'opérer quelques sondages à la pioche près de ces restes pour découvrir des murailles et aussi le sol antique du monument, qu'il ait ou non été dallé.

Ce niveau obtenu, il sera facile d'en déduire l'organisation des chantiers, les transports pour les déblais et le lieu où ils devront être déposés.

Les maisons particulières ne présentent aucun intérêt comme plan ; ce sont, en Chaldée et dans l'Elam, des groupes de petites chambres rectangulaires : on y rencontre fréquemment des tablettes et de menus objets. Souvent aussi sous le sol de ces pièces sont des sépultures généralement très pauvres.

En Mésopotamie, on distingue aisément les murailles des maisons, en parcourant le sol ; ces murs ne sont pas de la même couleur que les décombres renfermés dans les chambres.

Lorsqu'un canal traversait la ville, il est intéressant d'en examiner avec soin le lit et les berges, d'y effectuer quelques tranchées transversales ; car nous sommes, jusqu'à ce jour, fort mal renseignés sur les quais et embarcadères antiques et, en général, sur la navigation fluviale.

Les fouilles de villes, en Egypte, se font le plus souvent à peu de frais, car les fellahs viennent chaque année chercher dans les ruines les terres salpêtrées ou sébakh qu'ils répandent dans les champs sous prétexte de les fertiliser.

Les chercheurs de sébakh respectent les murailles inutiles pour eux ; aussi tous les tells de l'Egypte sont-ils très instructifs au sujet des monuments qui, dans l'antiquité, ornaient la ville.

J'ai dit plus haut que les centres d'habitation de l'antiquité ont presque toujours été occupés pendant de longs espaces de temps et que, fréquemment, ils le sont encore aujourd'hui. Il résulte de ce fait que les diverses cités se sont superposées les unes aux autres et que, dans les fouilles archéologiques, il importe surtout de distinguer l'époque de chacune des parties, de chacun des monuments.

Cette étude est extrêmement difficile et demande une surveillance incessante des travaux. Le mieux qu'on puisse faire est de dresser un plan pour chacune des époques, s'il est possible de les distinguer, et d'y pointer toutes les découvertes; on marquera sur un plan spécial toutes les indications dont on n'a pu reconnaître la date.

Le meilleur guide est sans contredit les textes ou les médailles antiques ; mais on parvient également à de fort bons résultats, en observant la nature des matériaux de construction et les fragments de vases, à supposer qu'on ne rencontre pas d'objets datés par leur forme.

Schliemann, dans ses fouilles d'Hissarlik, a fait des divisions chronologiques qui semblent très acceptables. En tout cas, il a suivi pour établir sa chronologie la méthode rationnelle.

Les Persans, qui sont de grands chercheurs d'or, fouillent depuis des siècles dans les ruines de certaines localités de l'Iran et opèrent ce qu'ils nomment des « telah-chouri » ou lavages d'or. A cet effet, ils creusent sur le bord d'un tell ou d'un terrain antique un fossé où ils amènent de l'eau courante; puis ils y font crouler toutes les terres qu'ils veulent traiter; quelques hommes, remuant ces terres en sens contraire du courant, enlèvent les pierres et les briques qu'ils jettent sur la rive du fossé opposée au front de taille.

Lorsqu'il est jugé que l'opération a duré assez longtemps, on coupe l'eau et le fond du canal est examiné avec soin.

C'est, en somme, le procédé du sluice qu'ils emploient, tout comme notre industrie en fait usage dans la préparation mécanique de certains minerais.

J'ai vu pratiquer le telah-chouri à Hamadan, Dinâver, Kenghaver, Assadâbâd, Toui-Sirkan, etc., principalement dans les terrains antiques voisins de l'Elvend.

Ce travail fournit une foule de petits objets, pierres gravées, bronzes, amulettes, médailles, etc., appartenant à toutes les époques. C'est dans les lavages d'Assadâbâd qu'a été trouvé le grand médaillon d'or d'Eukratidès qui se trouve actuellement au cabinet de France. En 1890, il m'est passé entre les mains à Hamadan plus de dix mille médailles d'argent fournies par les travaux de l'année précédente. Il y en avait de toutes les époques, depuis les dariques et les sicles des Achéménides, jusqu'aux dinars des khalifes et aux cuivres de Chah-Abbas et de ses contemporains.

Ce procédé n'a jamais été tenté en grand par un archéologue ; j'ai fréquemment tamisé et lavé des terres provenant de trouvailles spéciales, mais jamais je n'ai opéré industriellement. C'est que l'organisation d'ateliers de lavage exige de grands travaux préparatoires. Souvent il faut amener les eaux de fort loin.

Les lavages ne seraient pas appliquables aux koms de l'Egypte parce qu'ils contiennent des papyrus et un grand nombre d'objets que l'eau détruirait. Mais il semble qu'ils doivent fournir de bons résultats dans tous les autres pays.

Le déblaiement est un travail simple n'exigeant qu'une bonne organisation des chantiers. Les fouilles de Pompeï et d'Herculanum sont, à coup sûr, les travaux de déblaiement les mieux conduits qu'il soit ; mais la difficulté n'est pas grande, car les villes ayant été ensevelies par une éruption, tout ce qu'on y rencontre appartient à la même époque et tous les objets sont soit *in situ*, soit gisant sur le sol des anciennes villes. Les couches qui supportent et celles qui recouvrent les ruines sont vierges de tout document.

L'habileté des archéologues italiens intervient, non pas dans le travail lui-même, mais bien dans l'interprétation des découvertes.

Les fouilles de villes sont toujours de grandes entreprises nécessitant des moyens puissants et un nombreux personnel scientifique. Le nombre des bras qu'on peut employer n'est limité que par les ressources dont dispose l'expédition et par l'abondance plus ou moins grande de la main-d'œuvre dans le pays. Dans tous les cas, les recherches qui doivent préluder à tous grands travaux de ce genre ne sont à faire qu'au moyen d'un petit nombre de travailleurs, trois ou quatre cents au plus.

VI

FOUILLE DES RUINES D'UN TEMPLE OU D'UN PALAIS

La grande difficulté est, non pas de déblayer un monument, mais bien de le découvrir quand ses murailles n'émergent pas du sol, quand des fragments de colonnes ou de pierres de taille épars à la surface ne viennent pas signaler sa présence. J'ai dit plus haut les moyens à employer pour découvrir les murailles ; reste à montrer comment on procède pour le déblaiement.

Supposons, dans le cas le moins simple, qu'une muraille soit rencontrée par une tranchée de recherches et qu'on ne sache en aucune façon la position qu'occupait jadis cette muraille dans le monument ; on devra la suivre dans les deux sens au moyen de tranchées aussi étroites que possible sans se préoccuper des déblais qu'on laissera provisoirement sur le bord de la tranchée.

Cette muraille présentera des angles, puis des portes ; on suivra ses contours en se rapprochant le plus possible des bords du tell et en conservant, autant que faire se peut, une direction générale constante pour chacune des deux tranchées. Il est essentiel, en effet, de parvenir à l'extérieur du monument avant d'entreprendre la fouille scientifique. Ces premiers travaux doivent viser simplement l'étude des contours, car c'est d'après les contours qu'il sera possible de déblayer les ruines sans les dégrader et d'établir des chantiers rationnels.

Dès qu'on est parvenu à l'extérieur, on en suit les murs jusqu'à ce qu'on rencontre soit une porte, soit une brèche. C'est par là qu'on fera entrer la voie ferrée destinée au transport des déblais ; il est donc nécessaire de relier de suite cette porte ou cette brèche aux terrains où doivent être déposés les décombres, par un chemin d'égale pente, soit en tranchée, soit en remblai, afin d'y pouvoir établir la voie ferrée.

Dès lors, le déblaiement commence dans la partie voisine de la porte ; les ouvriers chargent les wagons à la pelle tant qu'ils le peuvent faire, puis à la brouette ou au panier suivant les pays. Bon nombre de chambres sont ainsi déblayées et on parvient aux cours et aux grandes portes situées dans l'axe du monument. C'est là qu'on doit porter tous ses efforts afin de déblayer rapidement cet axe, ce qui permettra un travail plus aisé pour le reste de la ruine.

Pendant ce temps, une escouade continue les tranchées de recherche à l'extérieur du monument afin de découvrir d'autres issues pour les décombres.

Je me suis placé dans le cas le plus compliqué, car, presque toujours, l'archéologue se trouve en face d'un monument dont une grande partie émerge du sol. Le niveau du dallage lui manque parfois, mais il le trouvera rapidement par un sondage à la pioche. Désormais, il lui sera très facile de dresser son plan d'attaque, de poser ses voies de transport sur le plan sommaire dont il dispose et d'organiser dans son esprit son travail presque complet.

En Egypte, le temple d'Ombos, que j'ai déblayé en quatre mois, se trouvait situé sur une éminence que les eaux du Nil rongeaient chaque année. Déjà les pylones et la moitié du petit temple ou mammisi avaient disparu en s'écroulant dans les eaux du fleuve. Le déblaiement du temple se trouvait donc augmenté de la nécessité impérieuse de protéger les ruines contre les crues du Nil. Tous les archéologues avaient considéré ce monument comme perdu.

L'étendue du temple n'était pas connue ; les constructions de la salle hypostyle seules dépassaient les amoncellements de sebakh laissés par les habitants qui avaient construit sur cette butte jusqu'au moyen âge.

Les travaux furent commencés par la partie voisine du fleuve et les décombres jetés au Nil. Le courant, en ce point très violent, emportait tous les déblais.

La grande porte du temple fut bientôt découverte et l'on entra dans une vaste cour ornée de colonnes d'époque romaine, puis on parvint au monument ptolémaïque, à la salle hypostyle ; là commençait un encombrement formidable de pierres de taille, de dalles écroulées des plafonds et d'architraves dont quelques-unes ne pesaient pas moins de cinquante tonnes.

Les pierres les plus intéressantes par les textes qu'elles portaient furent à grand'peine traînées dans la cour sur des rouleaux. Quant aux autres, et c'était le plus grand nombre, il me les fallait pour construire un éperon de défense contre les eaux du Nil.

Beaucoup de ces blocs étaient trop lourds pour qu'il fût possible de les porter jusqu'au point où je construisais ; souvent même je ne pouvais les faire sortir du temple ; force me fut de les morceler à la poudre dans le sanctuaire lui-même.

Les charges de poudre, je les calculai moi-même, ainsi que je précisais la position des trous qui devaient les recevoir ; j'avais soin de percer la roche (du grès) parallèlement à ses lits de stratification afin d'obtenir ainsi le minimum de résistance à la rupture. Cette précaution me permit d'employer des charges très modérées et d'éviter les secousses; plus de cent coups de poudre furent ainsi tirés dans toutes les parties du monument et il ne survint aucun accident; mais la moindre méprise eût pu causer l'écroulement d'une partie des ruines.

J'avais interdit au public l'entrée du temple. Mais de loin les touristes entendaient les détonations et criaient au sacrilège. Cependant un éperon formidable s'élevait dans le Nil. J'avais sauvé pour toujours l'un des plus beaux temples ptolémaïques de l'Egypte.

Les déblaiements de monuments qu'il importe de conserver sont toujours doublés de travaux de consolidation pour lesquels il faut posséder des connaissances spéciales. Le déblaiement de Medinet Habou, commencé avant moi, fut, sur mon ordre, continué et terminé sans grande difficulté. Mais le temple de Karnak fut moins aisé. Ce monument avait été en partie renversé par un tremblement de terre au début de notre ère; les pylônes et beaucoup de murailles s'étaient écroulés; des colonnes de vingt mètres de hauteur étaient restées penchées; enfin les eaux avaient rongé la base des murs et des colonnes.

Un de mes inspecteurs, M. G. Legrain, m'assista dans les débuts de ce travail colossal; il le fit avec une rare intelligence et s'en tira si bien que la suite de ces immenses travaux lui a été confiée.

Les archéologues ont très rarement l'occasion d'exécuter des œuvres de cette importance et cependant, lorsque l'époque sera venue d'étudier les grandes ruines de l'Asie et de les conserver comme on fait aujourd'hui pour celles de l'Egypte, ils se trouveront souvent bien embarrassés par la grandeur de la tâche qui leur sera imposée.

Je n'entrerai pas dans le détail des procédés de consolidation que j'ai eu à appliquer; ils sont plutôt du ressort de l'ingénieur ou de l'architecte que de celui de l'archéologue. Je n'entrerai pas non plus dans l'énumération des trésors scientifiques et artistiques qui peuvent être découverts dans un temple ou dans un palais antique. Chaque élément du monument lui-même est un enseignement, sans compter les objets qu'on rencontre souvent dans les salles sur les dallages et même dessous.

En Asie, Ninive seule a été incomplètement étudiée et encore les fouilles y ont-elles été généralement mal poussées; on ne fouille pas en galeries les ruines d'un palais et, lorsqu'on découvre une salle, on ne se contente pas d'en suivre les murailles. Ces travaux sont à refaire, mais l'archéologue qui en sera chargé aura l'impression fâcheuse qu'il reprend une œuvre déjà déflorée.

Les temples antiques sont très nombreux. J'ai parlé seulement de ceux d'Egypte, parce que ce sont les plus considérables. Mais en Grèce de grands travaux, très bien conduits, ont été effectués depuis une cinquantaine d'années ; les méthodes employées différaient peu, d'ailleurs, de celles usitées en Egypte.

Les palais sont beaucoup plus rares que les temples. En Asie, ils sont plus fréquents qu'en Egypte (1), et cependant on n'en citerait pas dix (2) pour les époques très anciennes, c'est-à-dire antérieures à la conquête d'Alexandre.

Les ruines d'habitations royales postérieures sont plus abondantes et spécialement celles de l'époque des Sassanides (3); mais elles sont aussi apparentes que nos ruines des châteaux-forts du moyen âge et les plans peuvent en être relevés sans qu'il soit nécessaire d'y pratiquer des fouilles.

En Europe, les Romains ont laissé les ruines d'un grand nombre de palais ; leur fouille ne présente guère de difficultés.

(1) On n'en connaît que deux : celui de Tell-el-Amarna, construit par Aménophis IV, et celui de Medinet-Habou, bâti par Seti I, et qui, en somme, n'est qu'une annexe du temple.

(2) Palais d'Assourbanipal à Ninive (Koyoundjik, Khorsabâd), de Babylone, d'Our-Nina à Telloh, d'Artaxerces à Suse, de Xerxès à Persépolis.

(3) Palais de Ktesiphon, de Qasr-é-Chirin, de Haouch-Kwouri, de Tagh-é-Bostan.

VII

DES FOUILLES DANS LES NÉCROPOLES

s fouilles de villes, de temples et de palais sont réservées aux grandes
eprises issues généralement de gouvernements ou de riches sociétés savan-
Il n'en est pas de même pour les recherches dans les nécropoles; elles
à la portée de tous, car elles n'exigent en général que fort peu de main-
ivre.

s renseignements qu'elles fournissent sont de première importance ; sans
, nous connaîtrions bien peu de choses sur la majeure partie des peuples de
iquité. Elles renferment très fréquemment des documents historiques et
le plus souvent par les mobiliers funéraires ou par les sculptures et les
tures ornant les tombeaux que nous pouvons pénétrer les secrets de la vie
le dans l'antiquité.

ors que les nécropoles égyptiennes, grecques, étrusques, romaines, fran-
, fourmillent de documents, l'Asie est moins bien partagée ; car, jusqu'ici,
ne connaissons les sépultures ni en Assyrie, ni en Chaldée, ni en Elam.
ques tombeaux ont, il est vrai, été trouvés par Loftus et Taylor à Warka
Mougheïr, mais est-il bien certain qu'ils soient très anciens? Ce qu'ils ren-
aient est d'ailleurs peu intéressant.

rler des nécropoles en général et des moyens à employer dans leur
oration serait entrer dans des détails qui exigeraient des volumes. Je me
enterai donc de fournir quelques indications sur les tombes égyptiennes
la renommée est si répandue et sur les nécropoles du nord de l'Asie
ieure.

nt siècles environ ont vu se succéder dans la vallée du Nil les cou-
s funéraires les plus diverses. Au fur et à mesure que les pratiques
euses se transformaient, les usages se modifièrent et, partant des inhu-
ns les plus simples de l'époque préhistorique, ils y revinrent, après avoir
u les rites les plus compliqués qu'ait pratiqués l'antiquité, les monuments
aires les plus somptueux qui jamais aient été élevés.

cer l'histoire de la sépulture en Egypte, c'est écrire l'histoire de l'Egypte elle-même ; car chaque époque a suivi des pratiques spéciales et construit des monuments différents de ceux qui l'avaient précédée.

La religion égyptienne, fille de l'Ancien Empire, imposa des croyances générales qui durèrent jusqu'à l'apparition du christianisme. Les principes demeurèrent les mêmes au cours de ce long espace de siècles ; mais les pratiques subirent d'importantes modifications et ce sont ces différences qui nous permettent d'assigner, sans le secours des textes, une date aux tombeaux.

Avant que l'écriture et les métaux ne fussent connus des habitants des rives du Nil, alors que la religion pharaonique n'avait pas encore fait son apparition, les morts étaient déposés dans de modestes fosses creusées sur les coteaux du désert voisin.

Nous ne savons rien des croyances à ces époques si reculées ; il en existait cependant, car il était d'usage de placer le cadavre sur le côté, les bras et les jambes repliés, d'entourer ses restes des ustensiles de la vie et de provisions. Cette coutume implique la conception de la vie future et, par suite, d'une religion.

Dans les nécropoles de ces temps, les tombes, extrêmement nombreuses, sont très rapprochées les unes des autres. Je citerai les cimetières préhistoriques de Kawamil, El Ragagnah, Beit'Allam, El'Amrah, El Karnak, Zawaidah, Toukh, Négadah, etc..., que je me suis trouvé à même d'explorer (1).

L'archéologie nous signale une véritable révolution dans les coutumes au moment de l'apparition des métaux dans la vallée du Nil. Il se crée un grand nombre d'usages nouveaux, les arts s'affinent et cependant les sépultures ne présentent de différence avec celles des temps antérieurs que par la nouveauté de certains objets dans les mobiliers funéraires : les instruments de cuivre s'y rencontrent mélangés avec les silex taillés.

Les nécropoles de cette période de transition ne diffèrent pas, au point de vue des investigations, de celles des temps antérieurs, en ce qui concerne les tombes du vulgaire.

Cette époque nous montre les premiers monuments princiers : à Negadah et Abydos, ils sont nombreux et présentent tous des caractères nouveaux. Ce sont de vastes constructions où le mort semble avoir été incinéré avec ses richesses (2). Le cuivre, l'or et le silex se rencontrent dans ces tombeaux (3).

---

(1) Cf. J. de Morgan, *Recherches sur les Origines de l'Egypte*, 1896. — Id. 1897. — Fl. Petrie, *Nagada and Ballas*.

(2) Cf. J. de Morgan, *Rech. sur les Orig. de l'Egypte*, 1897, p. 147. — A. Wiedemann, *les Modes d'ensevelissement dans la nécropole de Negadah*, dans le même ouvrage.

(3) Cf. Amelineau, *les Nouvelles fouilles d'Abydos*, Paris, 1896. — G. Jéquier, *Monuments*

:s monuments ne sont pas tous conçus sur le même plan. Alors que celui
égadah comprend vingt-et-une chambres et ne montre pas d'entrée,
me d'ailleurs ceux des rois *Kâ* et *Djâ*, le tombeau du roi *Den* ne comprend
ne seule pièce et un long escalier y donnant accès; celui du roi *Ti* se com-
de plus de quarante chambres et couloirs et est construit sur un plan
plus irréguliers.

:s édifices sont toujours bâtis en briques crues, qu'on trouve aujour-
i calcinées par l'incendie de l'édifice tout entier.

i s'accorde à reconnaître dans ces monuments des sépultures royales de
·emière dynastie. Après cette époque une lacune se fait dans nos connais-
es et nous arrivons de suite au règne de Snéfrou, premier souverain de la
lynastie ou dernier de la IIIᵉ, qu'on s'accorde à placer vers 4000 ans avant
e ère(1).

:s nécropoles préhistoriques et primitives se reconnaissent dans le désert
que le sol présente une quantité de taches de sable clair très rapprochées
ines des autres au milieu d'un terrain sableux, il est vrai, mais mélangé
ienus éclats de pierre et de fragments de poterie. Les taches correspon-
aux tombeaux dont les terres, en se tassant, ont déterminé une dépres-
que le vent remplit ensuite de sable fin.

s tombes présentant le même aspect extérieur que les sépultures de basse
ue historique, il est nécessaire d'opérer quelques sondages, puis, une fois
icropole découverte, il suffit d'attaquer tous les points dans lesquels une
he de fer pénètre aisément dans le sol.

:s ruines des tombeaux princiers forment, en général, des éminences cou-
es de tessons de vases et de débris d'argile calcinée. Ces buttes, par leur
eur rougeâtre, se distinguent aisément des buttes naturelles et des débris
bitation.

ne me fut pas difficile de découvrir le tombeau royal de Négadah, car les
cheurs de sébakh, ayant pris ces ruines pour un khoum ordinaire, l'a-
at attaqué et, mettant à jour des murailles, avaient cessé leur exploitation.
pect de ces murailles me fit reconnaître, au premier coup d'œil, que j'avais
re à des ruines très anciennes insolites pour l'Egypte.

i découverte des tombeaux royaux d'Abydos fut plus difficile. En 1895,
iis fait venir en Egypte M. Amelineau pour le compte d'une petite société

mporains du tombeau royal de Negadah, dans J. de Morgan, *Rech. sur les Orig. de*
ple, 1897, p. 229.
G. Maspero, *Hist. anc. des peuples de l'Orient classique*, 1895, p. 387, note 3 : Sno-
(4100-4076 ?).

qui désirait fouiller à Abydos. En faisant ma tournée d'inspection de la Haute-Egypte, j'allai visiter les travaux de M. Amelineau et le trouvai occupé au déblaiement d'une tombe de basse époque, fort belle d'ailleurs, mais sans intérêt historique.

Je lui conseillai d'attaquer une série de buttes de terre calcinée et rougeâtre, couvertes d'innombrables tessons de vases et qui depuis longtemps excitaient ma curiosité. Je traçai sur le sol, au moyen de petits tas de pierre, les lignes de sondages que je conseillais d'exécuter. M. Amelineau suivit mes indications, parvint aux sépultures royales et les déblaya.

Que s'est-il passé en Egypte entre le dernier des rois d'Abydos et le premier monarque connu dans l'histoire? Combien de siècles, de milliers d'années peut-être, se sont écoulés? Nous n'en possédons pas la moindre notion. Toujours est-il que les sépultures de Négadah (1) et d'Abydos nous montrent une civilisation dans son enfance, une religion à peine formée, quoique différente de celle qui était en usage aux temps néolithiques, et qu'avec la IVe dynastie nous entrons dans une civilisation complète, avec ses arts, son gouvernement, ses armées, ses croyances religieuses définitivement fixées pour des milliers d'années.

Nous connaissons, il est vrai, quelques monuments importants, peut-être antérieurs à la IVe dynastie, la pyramide à degrés de Saqqarah, entre autres (2). Mais nous ne possédons rien de positif antérieurement à Snéfrou, sauf Négadah et Abydos.

L'Egyptien, désormais, construira pendant des siècles des pyramides pour abriter la momie de ses rois, et des mastabas pour les personnages d'importance. Quant au peuple lui-même, il cherchera, comme par le passé, le repos éternel dans une simple fosse creusée sur les coteaux du désert, après que son corps aura été plus ou moins mal transformé en momie.

Les pyramides sont nombreuses en Egypte et en Nubie. Celles de la basse vallée du Nil sont les plus anciennes. On n'en voit plus aujourd'hui qu'un petit nombre, car beaucoup ont été exploitées en carrières et rasées de telle sorte qu'il n'en reste plus qu'un faible monticule méconnaissable.

En fouillant la nécropole de Dahchour, j'ai retrouvé trois pyramides dont

---

(1) Attribuée à Menès, premier roi de la première dynastie, fondateur de l'Empire.
(2) Mariette attribuait ce monument à Ouenèphès, quatrième roi de la première dynastie (Cf. Perrot et Chipiez, *Hist de l'Art, l'Egypte*, p. 212). Mais cette opinion, basée sur des suppositions, me semble d'autant plus erronée que les découvertes de Négadah et d'Abydos ont montré combien la première civilisation égyptienne était incapable de construire un tel monument.

rien ou presque rien ne signalait la présence et qu'aucun des nombreux savants qui ont visité la région n'avait remarquées. Ce fait prouve qu'une exploration méthodique de la lisière du désert permettra de retrouver un grand nombre de monuments de ce genre.

Les pyramides sont groupées entre la région du Fayoum et le désert voisin du Caire sur la rive gauche du Nil. Elles sont, à peu de chose près, réunies par époques. Ainsi les monuments de la IVe dynastie sont en majorité à Ghizeh et Abou-Roach, quoi qu'il y ait à Dahchour bon nombre de mastabas contemporains de Snéfrou. Ceux de la Ve à Saqqarah et Abou-Sir; de la VIe à Saqqarah; de la XIIe à Dahchour, à Licht et peut-être aussi au Fayoum.

La pyramide de Meïdoum est attribuée au roi Snéfrou.

Thèbes nous montre le lieu de sépulture de quelques-uns des Entef de la XIe Dynastie (1).

La Nubie contient un grand nombre de pyramides (2), monuments de basse époque par rapport à ceux de l'Egypte.

Les tombes royales de l'Ancien et du Moyen Empire sont les monuments funéraires les plus vastes qui jamais aient été construits (3). Ils comprennent plusieurs parties très distinctes, ayant chacun leur but spécial et dont on retrouve les traces dans toutes les sépultures royales de ces époques.

La pyramide proprement dite s'élevait dans une aire limitée par un mur d'enceinte réservée à la famille royale; dans cette aire, et le plus souvent à la porte de l'enceinte, se trouvait le temple funéraire et quelquefois aussi les appartements des prêtres chargés de l'entretien des monuments.

La disposition relative de ces diverses parties du terrain funéraire royal est extrêmement variable. Mais l'appropriation des diverses parties est générale, tant sous l'Ancien Empire que sous le Moyen.

La pyramide elle-même varie de forme, de dimensions, de dispositif intérieur et de matériaux, suivant la fantaisie du souverain qui l'a construite.

L'enceinte, toujours rectangulaire, est variable de forme, d'étendue et de matériaux de construction.

Les côtés de l'enceinte sont toujours parallèles aux côtés de la base de la pyramide qui, eux-mêmes, sont orientés sensiblement du nord au sud et d'est en ouest.

---

(1) A Drah-aboùl-Neggah. Cf. Leptius. *Denkm*, I, pl. 94.
(2) Meroe, *Napata*.
(3) Hauteur actuelle des pyramides de Ghizeh : 137, 135 et 66^m; de la pyramide à degrés de Saqqarah : 57^m; de la grande pyramide d'Abousir : 50^m.

Les sépultures princières, situées dans le terrain réservé, occupent, par rapport à la pyramide, une position arbitraire.

L'entrée de l'enceinte, celle du temple et celle de la pyramide ne se présentent pas toujours sur le même côté des constructions.

En dehors de l'enceinte sont groupés, en nécropole, les tombeaux des principaux fonctionnaires du souverain qui a construit la pyramide.

En somme, bien que les diverses parties se rencontrent dans toutes les nécropoles royales et princières de l'Ancien et du Moyen Empire, leur disposition varie pour chaque groupe, et l'exploration de chacun de ces groupes exige, pour être scientifique, une méthode rigoureuse ne laissant place à aucune supposition sans contrôle.

Bien des pyramides ont été ouvertes par les indigènes, soit pour leur propre compte, soit pour celui d'archéologues ne surveillant pas eux-mêmes leurs travaux; la plus grande partie des renseignements que doit fournir un terrain funéraire royal ayant été perdue dans ce cas, les fouilles sont à recommencer.

J'ai dit que les tombeaux des grands personnages d'une époque sont généralement groupés autour de la pyramide du souverain sous lequel ils ont vécu. Ces tombeaux se composent de deux parties : le mastaba ou temple funéraire, construit sur le sol, et les appartements du mort, creusés dans le sol et reliés à la surface par un puits ou un couloir incliné débouchant dans l'une des salles du mastaba.

Les appartements funéraires étaient, au moment de l'enterrement, fermés pour toujours à l'aide de blocs de pierre préparés à l'avance, ou simplement de terre. A Licht, dans la grande pyramide, le couloir a été bouché à l'aide d'un obélisque de granite qu'on y a fait glisser.

On peut dire, d'une manière générale, que toutes les pyramides et presque toutes les sépultures des princes et des grands personnages ont été spoliées.

On ne rencontre de tombes intactes que fort rarement; elles ont échappé aux profanateurs et exigent, pour être retrouvées aujourd'hui, un examen du sol tellement minutieux que l'archéologue ne doit pas quitter le terrain de ses travaux pour s'en rapporter à des contremaîtres indigènes, ainsi que cela se pratique trop souvent.

L'aspect du sol voisin d'une pyramide permet de reconnaître, de suite, sur quelles faces de l'enceinte se trouvent les mastabas contemporains. Le sable du désert renferme non seulement les roches naturelles aux collines sur lesquelles il repose, mais aussi des éclats de matières étrangères, telles que le calcaire blanc de Tourah, l'albâtre et le granite.

Souvent le mur d'enceinte du terrain princier a disparu ; quelquefois aussi il ne reste plus de la pyramide qu'un amas informe de décombres.

Je décrirai sommairement mes fouilles dans la nécropole de Dahchour et les procédés à l'aide desquels je suis parvenu à l'ouverture des trois pyramides et à la découverte des sépultures princières.

Pendant l'été de 1893, je m'étais fixé dans l'ancienne maison de Mariette, à Saqqarah, afin de surveiller de plus près les fouilles que j'exécutais dans la nécropole de cette localité et dans celle d'Abou-Sir et de relever la « carte de la nécropole memphite ».

En parcourant le pays, je fus amené à visiter Dahchour où Mariette et M. G. Maspero avaient travaillé autrefois.

On voyait alors à Dahchour quatre pyramides : deux construites en pierre, situées dans le désert et semblant être fort anciennes, et deux bâties en briques et très dégradées, s'élevant sur la lisière du désert. Entre ces deux dernières pyramides se trouvait un monticule formé d'éclats de calcaires blanc.

Le sol de toute cette nécropole semblait vierge de tous travaux récents ; toutefois, il renfermait en maints endroits des éclats de matières étrangères à la région.

Quatre tombes royales de cette importance dans cette vaste plaine n'étaient, à coup sûr, pas seules ; elles devaient être entourées de leurs accessoires habituels, c'est-à-dire de leurs sépultures princières annexes, de leurs temples funéraires et de leurs mastabas.

Ce raisonnement et les indices que je rencontrais à chaque pas me décidèrent à concentrer mes ressources de plusieurs années sur ce terrain qui présentait, en outre, l'avantage d'être presque vierge de tous travaux récents et, par suite, de ne pas être sali par les déblais de fouilleurs imprévoyants.

Mon premier soin fut d'exécuter une triple ligne de sondages à la pioche en partant du pied des décombres de la pyramide pour marcher vers le nord.

Ces sondages, distants de quatre mètres l'un de l'autre dans la même ligne, furent poussés jusqu'au sol géologique en place ; l'un d'eux rencontra le mur d'enceinte en briques crues, un autre me fit découvrir un mastaba.

Dès lors, je possédais tous les éléments constitutifs d'une nécropole égyptienne. Il me suffisait d'explorer méthodiquement le groupe des mastabas, le terrain princier, et de pénétrer dans les appartements de la pyramide.

Les mastabas furent vite explorés ; j'en fouillai une trentaine seulement, tous avaient été spoliés.

Le mur d'enceinte fut suivi sur tout son pourtour à l'aide de deux tranchées, l'une intérieure, l'autre extérieure; le terrain princier se trouvait donc parfaitement délimité. J'entrepris son exploration.

Les sondages, toujours en quinconce et distants de quatre mètres les uns des autres, étaient à peine commencés que je rencontrai sous le sable, sur le sol ancien, une couche de sable gris et brillant, épaisse de quelques centimètres seulement, composée de fragments très fins de granite.

Cette pierre étant étrangère au pays, la présence de cette poussière indiquait que, dans l'antiquité, on avait taillé et poli sur place des blocs de granite. Or, on n'en trouvait pas trace dans les ruines extérieures; c'est donc à l'intérieur du sol que se trouvaient les monuments faits de cette roche.

J'avais supposé un instant que ces blocs de granite se trouvaient dans les appartements du tombeau royal; mais l'éloignement du chantier de taille du pied de la pyramide m'obligea à penser qu'il existait, entre ce chantier et le revêtement de calcaire de la pyramide, d'autres sépultures.

Les sondages me firent bientôt découvrir des ruines de constructions en briques crues dans la partie septentrionale du terrain princier et, peu après, la découverte d'un puits m'amenait dans la galerie des princesses, aux trésors qu'elle renfermait.

Non seulement je sondai l'intérieur de l'enceinte, mais aussi de vastes surfaces à l'extérieur. C'est ainsi que je trouvai, au sud, les constructions annexes et les barques qui jadis avaient servi au transport des momies royale et princières.

L'attaque de la pyramide elle-même fut plus difficile. J'avais déblayé le pourtour du monument en suivant son revêtement et n'avais rencontré aucune ouverture.

Cette pyramide, avant moi, avait été éventrée, presque démolie, partant de l'idée fausse que les appartements devaient se trouver sous les dernières assises de briques crues.

Au milieu de cet entonnoir j'exécutai, à l'aide d'une perforatrice, un sondage profond qui non seulement rencontra les couches géologiques sous la dernière assise de briques, mais ne trouva dans l'intérieur du sol aucune cavité. Les appartements royaux n'étaient pas sous le centre du monument extérieur.

Force me fut donc de renoncer à découvrir l'entrée naturelle et de pratiquer des travaux souterrains afin d'explorer le sous-sol. Je ne disposais ni d'ouvriers mineurs, ni de boiseurs; je dus dresser moi-même des fellahs et, l'air venant à manquer, installer une pompe à air pour la ventilation. Enfin, les appartements royaux furent trouvés : tout avait été spolié, il ne restait plus que, dessinées sur les murs blancs des salles, des caricatures très anciennes et fort curieuses.

Dans la campagne suivante, j'attaquai la pyramide méridionale de briques par les mêmes procédés et obtins les résultats les plus satisfaisants.

L'enceinte, les ruines du temple, celles des habitations des prêtres, les sépultures princières de Ra-Fou-âb et de sa femme, et enfin les appartements funéraires royaux, furent découverts successivement non sans de grands efforts et d'importantes dépenses.

Cette pyramide m'avait coûté plus de 300 mètres de galeries de mine, boisés en majeure partie de mes propres mains.

La troisième et dernière partie de mes travaux de Dahchour est la fouille du monceau de décombres qui se trouvait à mi-chemin entre les deux pyramides de briques, butte artificielle, qui n'était autre que la pyramide du roi Ousertesen II de la XIIe dynastie.

La même méthode me fit trouver l'enceinte, les restes du temple funéraire, les tombeaux princiers et leurs trésors; quant à la pyramide elle-même, dont les appartements avaient été violés, un sondage me fournit l'entrée de son couloir incliné.

Tous ces monuments étaient en calcaire blanc de Tourah, sauf les sarcophages, qui étaient de granite.

En opérant des sondages au nord, je découvris des mastabas appartenant non pas à la XIIe dynastie, mais au temps du roi Snéfrou, monuments primitifs en briques crues ornés de fresques et de stèles de calcaire.

Au cours de mes travaux de Dahchour, j'ai toujours tenu au courant mes plans d'ensemble et de détail avec le plus grand soin, et je dois dire que ces plans m'ont rendu tout autant de services que l'étude journalière du terrain. Ils me permettaient d'avoir à chaque instant une vue d'ensemble des travaux, de juger des découvertes déjà faites et de prévoir celles à venir.

La recherche des mastabas est bien plus aisée que l'exploration des terrains princiers et des monuments royaux ; il suffit de pratiquer des sondages jusqu'au sol géologique ; on peut même les espacer beaucoup plus que lorsqu'il s'agit de simples puits.

Toutefois, la majeure partie de la nécropole memphite (Ghizeh, Abou-Sir, Saqqarah) ayant été, de tout temps, explorée sans le moindre discernement, les déblais souvent jetés sur des terrains encore vierges, il y règne un tel désordre que l'exploration complète serait aujourd'hui longue, difficile et extrêmement coûteuse.

Pendant mon séjour à Saqqarah, j'étais véritablement découragé par ce dédale où chacun avait mis du désordre et où cependant il reste encore tant à faire.

Je cherchais en vain un terrain où je fusse à même de travailler méthodiquement, lorsqu'une déduction, fort simple d'ailleurs, me permit d'opérer dans un espace vierge de toutes fouilles depuis plus de deux mille ans.

Mariette avait découvert le Sérapéum de l'Ancien Empire en se guidant sur la direction suivie par l'avenue ptolémaïque des sphinx. Cette avenue, toujours dallée, existait encore par tronçons et traversait la nécropole des mastabas de l'Ancien Empire. Sous ces dalles le terrain était vierge ; j'y pratiquai des sondages et découvris ainsi le mastaba le plus beau et le plus important qu'on connaisse de l'Ancien Empire, celui de Mera, qui ne compte pas moins de trente et une salles couvertes de sculptures peintes.

La fouille d'un mastaba n'est qu'un pur déblaiement et ne mérite pas que j'en parle. Sa découverte est d'une grande simplicité, par suite de la surface importante qu'occupent ces monuments et de leur grand nombre dans les nécropoles memphites, où ils existent par milliers.

L'usage de construire des pyramides et des mastabas s'arrête avec la fin du Moyen Empire. Mais celui des hypogées creusés dans le roc et des puits funéraires, né dès les premières dynasties, s'étend jusqu'à la fin de l'indépendance égyptienne.

Parmi les hypogées je citerai ceux d'Assouan, de Gournah, d'Assiout, de Beni-Hassan, de Tell-el-Amarna, etc., et enfin les tombes de la vallée des Rois à Thèbes qui, par leur dispositif, se rapprochent beaucoup des appartements royaux de certaines pyramides de l'Ancien Empire.

Les hypogées ont tous été creusés dans le rocher à la pointerolle et les déblais qui en sont sortis forment aujourd'hui des haldes importantes, reconnaissables au premier coup d'œil.

Les débris appartiennent, il est vrai, aux mêmes formations géologiques que les couches encore en place constituant les rochers voisins et on serait tenté de les prendre pour des éboulis causés par la désagrégation des roches sous l'effet des agents atmosphériques ; mais un examen attentif permet de les distinguer. Alors que, dans l'éclat naturel, les surfaces sont irrégulières, les éclats artificiels présentent presque tous une même forme, dépendant de l'outil avec lequel ils ont été enlevés.

Dans le cirque des montagnes d'Abydos, il existe, au pied des falaises, des haldes immenses d'éclats artificiels indiquant que les rochers renferment de très vastes cavernes creusées par la main de l'homme ; leurs entrées se trouveraient aisément en déblayant le pied des falaises jusqu'à voir à nu le rocher, et les alluvions naturelles de la vallée.

A Saqqarah, dans le désert, au sud-ouest du Sérapeum, on voit une très vaste enceinte dont j'ai d'ailleurs exploré le contour ; elle est construite en pierre et en tout semblable à celle qui entoure la pyramide à degrés.

Pensant que cette enceinte avait autrefois renfermé quelque monument important, j'ai sondé avec le plus grand soin toute l'aire qu'elle comprend dans ses murs et n'ai trouvé que quelques puits, d'ailleurs pleins d'eau.

En examinant les alentours de ce curieux monument, j'ai découvert à l'est des haldes importantes ne pouvant provenir que d'un vaste souterrain. Si ce souterrain existe, il est aujourd'hui au-dessous du niveau des eaux d'infiltration et l'épuiser entraînerait des dépenses extrêmement considérables. Dans ce cas, l'enceinte n'aurait eu pour but que de limiter l'aire sous laquelle se trouvaient les cavernes. Serions-nous là en présence du Sérapeum de l'Ancien ou du Moyen Empire (1) ?

Lorsqu'on a reconnu la présence de haldes et la nature des débris qui les composent, les recherches se trouvent, par là même, limitées et le déblaiement des rochers, l'enlèvement de tous les éboulis jusqu'au pied donneront sûrement l'entrée des souterrains.

Les puits funéraires se trouvent à l'aide de sondages pratiqués dans les terrains meubles de la surface.

Là encore les débris qui en ont été extraits sont d'une grande utilité comme indices.

Dans les régions comme celle de la nécropole memphite où les lits géologiques sont sensiblement horizontaux, les diverses couches ne présentent pas la même composition ni le même aspect; il est aisé de les distinguer même sur de petits échantillons. Si l'on rencontre au-dessus d'une couche de grès, par exemple, à la surface du sol, un certain nombre de fragments d'un calcaire naturellement placé au-dessous de ces grès, c'est que ces fragments ont été remontés artificiellement et qu'il y a des puits antiques dans le voisinage.

La nécropole thébaine est sans contredit de toute l'Egypte la plus riche en hypogées et en puits funéraires. Malheureusement, comme la nécropole mem-

---

(1) Le tombeau des chiens à Saqqarah a laissé sur le flanc du coteau des haldes considérables.

phite, elle a été ravagée non seulement par les spoliateurs de l'antiquité, mais aussi par les fouilleurs illicites et par les archéologues eux-mêmes ; il y règne le plus affreux désordre et les découvertes y sont aujourd'hui fort difficiles, à moins d'entreprendre l'énorme travail de la déblayer entièrement. La plupart des trouvailles qui s'y sont faites depuis bientôt un quart de siècle ne sont autres que des découvertes de police, les véritables inventeurs étant des fouilleurs illicites indigènes.

A l'époque ptolémaïque, nous voyons encore faire usage de puits funéraires ; mais, peu à peu, les anciennes coutumes disparaissent. Sous les Romains, elles n'existent plus que dans la basse classe qui entasse alors dans les hypogées et dans les puits antiques les corps mal momifiés, ou les dépose dans une simple fosse creusée dans le désert ; la vieille Égypte a vécu pour faire place à la civilisation gréco-romaine.

Il n'est pas possible d'explorer une nécropole antique sans rencontrer une foule de corps de basse époque soit à même le sol, soit dans les monuments funéraires anciens et spoliés.

Le plus curieux exemple que je connaisse de ces charniers est la nécropole de Syène. En ayant relevé les plans, j'ai dû pénétrer dans les moindres souterrains.

La montagne d'Assouan est percée de milliers de caves funéraires, aujourd'hui plus ou moins écroulées ; toutes sont remplies de momies et de squelettes de basse époque ; on enfonce jusqu'au genou dans les ossements brisés et parfois l'accumulation est si grande qu'il n'est plus possible d'avancer.

Avec l'apparition du christianisme les anciens usages sont définitivement abandonnés ; les corps sont déposés dans le sol, ornés de leurs vêtements, accompagnés de pieux souvenirs ou de livres de prières. Peu profondes dans le sol, les sépultures se touchent presque ; certaines nécropoles, celle d'Akhmim entre autres, étaient immenses ; il en est bien peu qui ne soit connues et, par conséquent, dévastées. Cependant M. Gayet a pu, dans les environs d'Antinoé, reprendre méthodiquement et scientifiquement les recherches ; ses travaux sont d'un grand intérêt.

Le nord de l'Asie antérieure, l'Arménie et la Perse occidentale. — Je réunis ces pays en un seul groupe parce que les peuples qui les habitaient dans l'antiquité furent en relations constantes avec les Assyriens, les Chaldéens et les Élamites, tout en n'étant pas serviteurs d'Assour ; appartenant à des races

non sémitiques, ils possédaient leur religion, leurs usages et leurs coutumes
funéraires propres.

En Arménie, les sépultures de l'âge du bronze sont peu nombreuses; le fer
fit vite son apparition. Dans le grand Caucase, par contre, elles abondent en
Osséthie et dans le Daghestan.

Elles se composent de fosses rectangulaires garnies de pierres plates sur le
pourtour et recouvertes d'une ou de plusieurs dalles.

Les tombes de l'âge du fer forment en Arménie russe de très vastes nécropoles qui elles-mêmes sont très nombreuses.

Les tombes sont généralement des cistes si parfaitement construits en pierres brutes que fréquemment elles sont restées vides.

Ces nécropoles occupent toujours des lieux élevés par rapport au reste du
pays; elles s'étendent sur le sommet des collines, sur les plateaux; aucun signe
extérieur ne les fait reconnaître. Mais lorsque le ravinement des pluies, les
cultures ou toute autre cause ont mis à jour une sépulture, on est certain d'en
trouver des centaines; il suffit soit de sonder le sol à l'aide d'une lourde tige
de fer rendant un son spécial lorsqu'elle rencontre une dalle, soit de faire de
longues tranchées dirigées du nord au sud afin de couper les sépultures par
le travers.

Les tombes les moins anciennes ne sont plus bâties en matériaux de grandes dimensions, le mort s'y trouve simplement environné et recouvert de
galets; ces sépultures ne peuvent être rencontrées que par des tranchées; il en
est de même pour les nécropoles situées dans les pays d'alluvions, dépourvus
de pierres; le corps dans ce cas a été déposé à même le sol et n'est accompa-
gné que de son mobilier funéraire et de quelques galets.

Dans un rayon d'une vingtaine de kilomètres seulement, au Petit Caucase,
dans les environs de gisements de cuivre et d'argent; M. Henri de Morgan et
moi nous avons découvert et fouillé un grand nombre de nécropoles (1). Il est
certain que chaque district de l'Arménie russe, examiné avec soin, en fournirait dans une semblable proportion.

Dans les montagnes bordières du plateau iranien, vers la Mer Caspienne,
dans les provinces actuelles du Tályche et du Ghilan, nous avons rencontré
également un très grand nombre de sépultures appartenant aux divers âges
du bronze et à celui du fer (2).

Ces pays étaient fort habités autrefois ; on y voit encore les ruines des vil-

(1) Celles d'Akthala, Allahvérdi, Utch Kilissa, Cheithan-daghi, Sadakhlo.
(2) Fouilles de l'été 1901.

lages fortifiés contemporains des sépultures de l'âge du bronze et, près de ces ruines, de vastes nécropoles.

Ailleurs les nécropoles sont isolées ou du moins on ne voit plus les ruines des villages antiques.

Le versant septentrional des montagnes est couvert de forêts et largement arrosé, mais le pays est très abrupt et ne se prêtait pas partout à l'habitation ; seuls les élargissements de vallée susceptibles d'être cultivés avaient leur village ; ils ont aussi leur nécropole.

Sur le versant méridional, pays desséché, ce sont les terrains où l'eau peut être amenée qui seuls sont cultivables, et ils l'ont été de tout temps : c'est là qu'il faut chercher les ruines et les nécropoles.

De temps immémorial, les habitants du plateau et ceux des plaines basses du littoral caspien remontent dans les montagnes en été, afin d'éviter les chaleurs et de faire paître leurs troupeaux. Cet usage était en vigueur également dans l'antiquité ; aussi rencontrons-nous dans la zone des pâturages, sur les hauteurs, des tombes antiques isolées ou placées par petits groupes.

Les sépultures présentent dans ces régions plusieurs aspects différents, les plus anciennes sont des dolmens et des allées couvertes.

Les dolmens occupent toujours le milieu d'un tumulus de terre limité par un cercle de pierres. Dans la plupart des cas les terres du tumulus ont croulé sous l'action de la pluie et le dolmen reste à nu, magnifique construction en pierres énormes souvent apportées de fort loin.

Les allées couvertes, abondantes dans les nécropoles du Ghilan, à Agha Evlar entre autres, sont généralement accompagnées de dolmens. Elles étaient jadis recouvertes par des tumuli. Il en est dont la galerie mesure 17 mètres de longueur sur 1 m. 50 de largeur et 2 m. 20 de hauteur.

Les petites tombes appartiennent à la fin de l'âge du bronze et à celui du fer. Ce sont généralement des cuves carrées, rectangulaires ou même de contours irréguliers, recouvertes de larges dalles chevauchant les unes sur les autres.

Ces nécropoles se trouvent dans les mêmes conditions que les dolmens et sont généralement accompagnées d'amas de pierres, de pierres levées ou de tumuli ; on les trouve aisément au moyen d'étroites tranchées creusées dans le voisinage des monuments antérieurs.

Au Kurdistan j'ai rencontré quelques tombeaux de l'âge du fer analogues à ceux du Caucase, mais le corps s'y trouvait allongé.

Au Louristan j'ai constaté, sur bon nombre de points, la présence de sépultures de l'âge du bronze analogues, quant à l'aspect extérieur, à celles du nord de la Perse.

Après les inhumations, le culte zoroastrien fit son apparition dans l'Iran et les corps ne furent plus ensevelis, mais déposés dans des cases pour devenir la pâture des oiseaux. J'ai retrouvé dans le Talyche russe quelques-unes de ces cases d'exposition. Elles sont généralement situées sur des lieux élevés près des nécropoles antiques. La coutume avait persisté de mener les morts dans les mêmes lieux.

Il était fait parfois exception à la loi mazdéenne et les dépouilles mortelles des grands personnages étaient déposés dans un sarcophage (1) ou dans de vastes hypogées creusés dans le rocher (2) ; mais ces exceptions appartiennent toutes à l'époque achéménide, il ne semble pas jusqu'ici qu'elles aient été autorisées sous les Sassanides.

Les sépultures séleucides et parthes sont rares en Perse, et si nous en exceptons les nécropoles de l'Arabistan et de la Chaldée, je n'en ai pas encore rencontré.

Les tombes chrétiennes sont nombreuses dans les ruines d'Ahwas : ce sont de simples cuves creusées dans un grès tendre et recouvertes de dalles de même roche. Cette nécropole est la seule que je connaisse dans les pays aujourd'hui persans.

Tous ces cimetières peuvent être aisément découverts et explorés soit en coupant par le milieu les tumuli encore apparents, soit en ouvrant de longues tranchées dans les terrains que les indices extérieurs désignent comme renfermant des sépultures.

(1) Sépulture achéménide de Suse.
(2) Tombeaux des rois à Persépolis et aux environs ; de princes ou grands personnages à Dinou (Kurdistan de Kirmanchah) et à Endir Kach (Kurdistan de Moukri).

VIII

LES MINES ET LES CARRIÈRES DANS L'ANTIQUITÉ

Depuis que l'homme est en possession de la métallurgie, les gisements naturels des matières minérales indispensables à sa vie publique et privée n'ont
cessé d'attirer ses regards et ses convoitises. Souvent ils ont causé la richesse
des pays qui les renfermaient; mais, fréquemment aussi, ils ont été pour eux
l'origine des pires désastres et de l'asservissement. Le rôle des mines est très
important dans l'histoire; aussi convient-il de leur accorder une place considérable dans les recherches archéologiques.

L'antiquité ne connaissait que l'or, le cuivre, l'étain, l'argent, le plomb et le
fer; les autres métaux usuels tels que le platine, le zinc, le nickel, l'aluminium,
etc., sont de découverte plus ou moins récente; il n'y a donc pas lieu de se
préoccuper de leurs gisements dans les études sur l'histoire ancienne.

Nous ne pouvons pas assigner de date à l'invention de la métallurgie. Tout
au plus sommes-nous autorisés à penser que c'est dans l'Asie centrale qu'est
née celle du bronze. L'époque de l'apparition des métaux est variable pour
chaque pays. L'or et le cuivre, en Egypte, remontent aux premiers temps du
régime pharaonique. En Chaldée, ils accompagnent les textes les plus anciens
qui souvent les citent. En Grèce, en Italie, leur présence est contemporaine
des premières civilisations. En Scandinavie, c'est quelques siècles avant notre
ère seulement qu'ils détrônent l'usage de la pierre taillée. Dans le nouveau
monde, enfin, ils ont été apportés par les Européens, bien que les indigènes
de plusieurs régions eussent à l'avance connu quelques métaux sans toutefois
être métallurgistes (1).

L'emploi des métaux, en donnant à quelques peuples une grande supériorité
militaire sur ceux qui s'armaient encore de pierres taillées, fut cause de la

____

(1) Les Indiens de l'Amérique Centrale tiraient l'or natif des sables de leurs rivières; ceux
de l'Amérique du Nord et de la côte occidentale de l'Amérique du Sud travaillaient le cuivre
natif que leurs montagnes renferment en abondance.

formation des premiers empires ; joint à l'usage de l'écriture, il devint l'origine de nos civilisations.

Deux contrées se disputent l'honneur d'avoir été le premier foyer civilisateur et nous ne saurions encore nous prononcer d'une manière absolue en faveur de l'une ou de l'autre, l'Égypte ou la Chaldée. Il n'y aura plus de doute le jour où nous apprendrons lequel des deux connut, le premier, le travail des métaux.

L'or et le cuivre sans alliage nous apparaissent d'abord dans les monuments les plus anciens de l'Egypte et de la Chaldée ; puis vient le bronze qu'on rencontre, de même que le cuivre pur, dans les sépultures primitives de la Grèce, de l'Italie, de toute l'Europe et de la majeure partie de l'Asie. Ce n'est que plus tard que se montre l'argent et son allié naturel, le plomb.

A peine étaient-ils connus, les métaux devenaient indispensables. De même qu'aujourd'hui la houille et le fer font la force d'une puissance, de même, dans l'antiquité, la possession des gîsements d'or et de cuivre assuraient à une nation la suprématie sur les peuples avec lesquels elle se trouvait en contact. Les anciens attachaient une importance extrême à la capture des pays miniers et des métaux tout préparés. Il suffit, pour s'en rendre compte; de parcourir les annales assyriennes. Périodiquement, les soldats d'Assour faisaient vers le nord de l'Empire, au pays des Naïri, des expéditions d'où ils rapportaient d'énormes quantités de cuivre. Ce métal servait à la fabrication des armes pour l'équipement de nouvelles cohortes destinées à de nouveaux pillages.

Les Grecs des temps légendaires allèrent chercher l'or jusqu'aux embouchures du Phase, près des limites du monde. La Lydie ne dut sa puissance qu'au Pactole.

Les Romains firent les plus grands efforts pour conquérir et pour conserver les mines d'or, de cuivre et d'étain découvertes par les Phéniciens en Espagne et aux Iles Cassitérides. Ils veillaient avec un soin jaloux sur les districts miniers trans-Danubiens. Tous les peuples, enfin, ont lutté pour la possession des métaux.

Dans les pays européens, la plupart des gîtes miniers sont connus et exploités ; ils sont pointés sur les cartes topographiques et géologiques. Il existe même, pour beaucoup de régions, des cartes minières spéciales. En Orient, au contraire, rien n'est connu ; on ne possède encore que de mauvaises cartes topographiques et, généralement, aucune indication sur la géologie du pays.

Quoi qu'il en soit, que la topographie et la géologie d'un pays soient ou ne soient pas publiées, l'archéologue soucieux de l'étude des mines antiques doit, avant tout, posséder, en dehors de ses connaissances archéologiques, celles du géologue. Il doit pouvoir distinguer, du premier coup d'œil, les districts capables de renfermer les gisements métalliques de ceux qu'il doit exclure du champ de ses recherches, sans quoi il perdrait son temps dans des régions forcément stériles en métaux. Il doit être assez versé dans la minéralogie pour reconnaître les divers minerais dont, comme géologue, il suivra les filons, les couches, circonscrira les amas, retrouvera les épontes.

Souvent les traditions locales sont précieuses par les renseignements qu'elles donnent sur ces mines abandonnées; elles peuvent rendre de grands services en indiquant, sinon le siège précis des antiques exploitations, du moins les cantons où elles ont eu lieu. Dans ce dernier cas, elles limitent l'aire des investigations.

Les exploitations minières antiques se reconnaissent toujours aux haldes laissées par les travaux ou aux cavités qu'on rencontre dans le sol.

J'ai vu dans le nord de la Perse (1) des haldes énormes provenant de mines de cuivre dont les travaux souterrains sont aujourd'hui recouverts d'éboulis; en Bohême (2), en Transylvanie, d'innombrables puits creusés par les anciens dans les affleurements des filons aurifères; au Sinaï (3), de vastes cavités artificielles creusées dans les grès riches en turquoises, et, au dehors, des haldes considérables.

Les haldes renferment toujours des fragments de minerais négligés; il importe de les recueillir. Si, dans les travaux souterrains, on peut se procurer des échantillons, il faut en récolter et les faire analyser.

L'ignorance des choses des mines avait porté quelques auteurs à donner la presqu'île sinaïtique comme le foyer producteur du cuivre pour l'Egypte. Je suis allé sur place vérifier ces assertions faites malheureusement à la légère, et me suis rendu compte que les mines du Sinaï étaient exploitées pour en tirer seulement des turquoises et que, si elles produisaient du cuivre par traitement métallurgique des nodules de phosphate, elles n'en pouvaient fournir que quelques tonnes par an. L'Egypte tirait donc d'un autre pays ses ressources métalliques. Près des mines de turquoises de Serâbit-el-Khadim sont d'importants gisements naturels de manganèse, matière brunâtre qu'un égyptologue allemand célèbre prit pour des scories cuivreuses. Cette erreur

(1) Binamar (Khalkhal).
(2) Eule, au nord de Prague.
(3) Wady Maghara, Serabit el Khadim.

lui fit admettre que la presqu'île sinaïtique avait été le centre d'une industrie métallurgique considérable.

Les premiers métallurgistes ont surtout exploité les minerais oxydés des affleurements ; il suffisait d'une simple réduction au charbon de bois pour transformer ces minéraux en métal. Les sulfures, exigeant un ou plusieurs grillages préalables, ne furent bien certainement pas traités dans les débuts. L'or d'alluvions était simplement lavé. Naturellement mélangé d'argent, il fournit l'électrum. Mais plus tard on attaqua par le feu les filons quartzeux, et les produits broyés et lavés furent traités par le plomb.

Toutes ces opérations ont laissé des scories qu'il importe de retrouver. Elles ont été sûrement abandonnées près des usines et ces établissements n'étaient pas éloignés des habitations.

Une étude attentive du sol permettra de retrouver les restes des usines, des villages et les nécropoles qui ne sont jamais fort éloignées. Les fouilles alors fourniront non seulement l'époque de l'exploitation, mais aussi une foule de détails sur les hommes qui s'y livraient, sur leurs procédés métallurgiques, sur la destination du métal, sa fonte, sa coulée. C'est ainsi qu'à Wadi Maghara (Sinaï) et à Allah Verdi et à Akthala (Arménie russe), j'ai retrouvé bon nombre de renseignements sur les exploitants des mines.

Un district minier ayant été retrouvé, l'âge de son exploitation déterminée, on s'expliquera facilement bien des faits politiques, bien des conquêtes, des campagnes militaires qui, sans cela, seraient restés sans commentaires. On interprétera avec sécurité bien des textes restés obscurs.

Sans offrir autant d'importance que les métaux, les autres matières minérales ne sont cependant pas dépourvues d'intérêt ; elles étaient employées dans l'architecture, la sculpture et la parure. Le grès et le calcaire ont fait les frais de tous les monuments pharaoniques dans lesquels le granite, la diorite, les brèches, l'albâtre n'entraient que comme matériaux de grand luxe.

Le marbre fut la pierre des monuments grecs et latins ; les porphyres, sous l'empire, vinrent agrémenter l'architecture par leurs couleurs rouge et verte.

En Chaldée, en Assyrie où tout se construisait en briques, les palais et les temples étaient ornés de statues et de bas-reliefs de granite, de dacite, de basalte, d'albâtre, apportés de pays lointains.

L'étude des carrières antiques, comme d'ailleurs celle des mines, est souvent féconde en documents. On y trouve, outre les traces de l'ancien travail et des moyens de transport, de nombreuses inscriptions. J'en ai relevé par centaines à Syène (Assouan), à Menchiyeh, dans les carrières d'où est sortie la ville de Ptolémaïs et au Sinaï.

Nous n'avons pas encore rencontré de carrières chaldéennes et assyriennes, parce que les anciens empires asiatiques ne sont qu'à peine parcourus. Mais on les trouvera un jour et leurs environs seront probablement très féconds en documents. Tout ce que nous pouvons faire pour le moment en Asie est de rechercher les pays d'où peuvent provenir les matériaux employés dans l'antiquité. Cet examen est du ressort du géologue, et l'archéologue et le linguiste ne peuvent se dispenser de son concours. N'avait-on pas, en s'appuyant sur des raisonnements de haute fantaisie, identifié le pays de Maghan avec la péninsule sinaïtique?

Le linguiste ne doit pas traduire à la légère les noms des métaux, des roches et, en général, de toutes les matières naturelles. S'il doute, il doit s'abstenir et donner sa traduction comme une hypothèse. Un mot mal traduit peut entraîner de graves conséquences au point de vue de l'interprétation générale d'un texte. Une fausse interprétation jette sur l'histoire une obscurité qui souvent persiste pendant de longues années, chacun s'en rapportant au dire du linguiste premier traducteur qui, souvent, n'entendant rien aux sciences sortant de sa spécialité, a donné une version erronée.

Un minéral se rencontre dans une fouille : il faut de suite chercher d'où il peut provenir, quels sont les pays où il se trouve à l'état naturel, et par quelles voies il a pu parvenir de chacun de ses gisements au lieu où il a été découvert. La discussion des moyens de transport écartera déjà bon nombre de gisements. Il n'en restera que quelques-uns parmi lesquels un texte nouveau, ou une nouvelle interprétation de ceux déjà connus, permettra de choisir.

On a dit que les blocs de granite de Palmyre et de Baalbek provenaient de Syène. Le fait est possible, quoique peu probable ; mais connaissons-nous assez bien la géologie de l'Asie antérieure pour pouvoir nous prononcer et dire que ces granites sont originaires de Nubie? Le Sinaï, d'ailleurs, en renferme des chaînes entières et il est plus voisin de Palmyre que Syène.

Pour les pierres précieuses, l'étude est encore plus difficile, car elles se présentent toujours sous un petit volume et leur transport est aisé.

Les anciens ne connaissaient ni le diamant, ni le saphir, ni le rubis, ni l'émeraude ; leurs gemmes étaient fort nombreuses, mais ne ressemblaient en rien à celles dont nous faisons usage de nos jours (1).

---

(1) *Diamant.* — (Pline, *Hist. nat.*, XXXVII, 15.) Dans l'ancien monde, l'Inde seule renferme des mines de diamant. Pline cite cette pierre, *diu non nisi regibus et iis admodum paucis cogni-*

Aussi bien en Egypte qu'en Chaldée, en Assyrie, dans l'Elam, que dans le monde gréco-romain et chez les barbares, nous voyons employés le quartz, l'agate, la cornaline et toutes leurs variétés, l'onyx, le jaspe, l'obsidienne, le feldspath, l'hématite, le grenat. En Orient, le lapis lazuli et la turquoise; l'ambre, en Europe et en Egypte; la jadéite, la néphrite dans l'Extrême-Orient et, par importation, jusqu'en Bretagne dès l'époque de la pierre polie.

Parmi ces matières il en est beaucoup qui se rencontrent en abondance dans tous les pays; d'autres, comme les minéraux du cuivre, sont plus rares et leurs gisements peuvent être localisés; d'autres enfin, tels que le succin et le jade, ne se trouvent à l'état naturel que dans un très petit nombre de localités.

La turquoise, entre autres, est dans ce cas; elle ne se rencontre que dans les montagnes du Khoraçan et dans la péninsule sinaïtique. D'où venait celle employée dans la bijouterie élamite du x⁰ siècle avant notre ère?

Les métaux, les roches et les pierres précieuses affluaient vers les grands centres par le commerce. Ce sont les voies suivies par les marchandises qu'il serait intéressant d'étudier. Elles fourniraient quantité d'enseignements sur les relations des peuples entre eux, légitimeraient la position géographique de bien des cités antiques, situées sur le trajet des caravanes, et éclairciraient une foule de points obscurs de l'histoire.

---

tus, comme provenant d'Ethiopie, d'Arabie, de Chypre, de Germanie, lieux où il n'en existe pas. Il la cite également de l'Inde, mais donne à ses cristaux six faces au lieu de quatre. Adamas en latin, ἀδάμας en grec, signifie seulement dur, solide. On n'a jamais rencontré de bijoux antiques portant des diamants.

Rubis. — Lat. Carbunculus, Escarboucle. (Pline, *Hist. nat.*, xxxvii, 25.) Provenance suivant Pline : Carie, Inde, Afrique (Escarboucle carthaginoise), Euv. de Milet, Thrace, Arcadie, Chios, Corinthe. — La description de Pline comprend toutes les pierres rouges et surtout le grenat.

Saphir. — Lat., saphiros ; grec, σάπφειρος. (Pline, *Hist. nat.*, xxxvii, 39.) Provient de Médie, selon Pline. Aucune espèce, dit-il, n'est transparente ; elle est impropre à la gravure. Ce n'est donc pas le vrai saphir dont il est question dans Pline, mais plutôt le lapis lazuli, *in iis enim aurum punctis collucet... nunquam tamen perlucidæ.*

Emeraude. — Lat., Smaragdus; grec, σμάραγδος. (Pline, *Hist. nat.*, xxxvii, 16.) Provenance, d'après Pline : Scythie, Bactriane, Egypte, près de Coptos, les autres dans les mines de cuivre *(sic)* de Chypre, Perse, Attique; dans les mines d'argent de Thoricos, Médie, Mont Taygète, Sicile.

Topaze. — Pierre de couleur verte. (Pline, *Hist. nat.*, xxxvii, 32.) Provenance, suivant Pline : Arabie, Thébaïde. On dit en avoir fait des statues; ce n'est pas la vraie topaze.

IX

LES VOIES DE COMMUNICATION DANS L'ANTIQUITÉ

L'un des éléments les plus importants de l'histoire ancienne est le moyen qu'avaient les peuples de communiquer entre eux, c'est-à-dire les voies par lesquelles, pour passer d'un territoire dans un autre, on pouvait franchir les obstacles naturels. Ces chemins sont souvent restés tels que la nature les avait faits ; mais, souvent aussi, ils ont été améliorés par la main de l'homme. Dans les deux cas ils présentent un intérêt historique de premier ordre.

Ces voies sont de trois natures : celles qui serpentent dans les montagnes et se tiennent toujours sur terre ; celles qui suivent le lit des fleuves navigables, et, enfin, les routes maritimes. Toutes trois ont été employées pour les relations commerciales, pour les campagnes militaires et pour les migrations des peuples.

Les voies maritimes ne peuvent être étudiées que d'une manière très générale, en reliant entre eux les divers établissements dont on retrouve les vestiges sur les côtes. L'archéologue ne peut reconnaître ces points qu'en parcourant le littoral avec grand soin et en interrogeant le sol dans tous les endroits où il rencontre des ruines ou des monticules. Les points qui doivent appeler plus spécialement son attention sont les baies abritées du vent, les îles, îlots et rochers où se trouve de l'eau potable et enfin les embouchures des fleuves et des rivières. La navigation dans l'antiquité n'était que du cabotage et, par suite, se faisait très près des côtes. Les marins s'arrêtaient fréquemment et, lorsque la route était très suivie, fondaient des postes dans les relâches avantageuses. C'est ainsi que les Phéniciens avaient colonisé Malte, que les Romains eurent une station à Aden.

Les routes fluviales sont beaucoup plus précises que les voies maritimes. On peut dire que, dans l'antiquité, tous les cours d'eau furent navigués, lorsqu'ils étaient assez profonds et que le courant n'était ni trop fort, ni trop brisé par les écueils.

Les fleuves à courant rapide, comme l'Euphrate et le Tigre dans leur cours supérieur, n'étaient navigués qu'à la descente, tandis que le Nil, le Danube, le

Rhin, le furent dans les deux sens. Nombre de transports se firent par les fleuves. C'est ainsi que les obélisques de granite d'Héliopolis, de Tennis, de Thanis, etc., furent apportés jusqu'au delta par les eaux du Nil, que les roches cristallines du Khabour parvinrent en Chaldée par le lit de l'Euphrate, que les flottes ninivites descendirent les deux fleuves chaldéens pour se joindre dans les eaux du Golfe et de là attaquer l'Elam par le sud, d'ailleurs sans succès.

On doit tenir grand compte de la navigabilité des cours d'eau et du sens dans lequel peut s'effectuer cette navigation pour des voiliers et des bateaux à rames.

Les Assyriens marchant contre Babylone purent souvent descendre leurs troupes ou les impedimenta de l'armée à l'aide de bateaux naviguant sur le Tigre; Julien II, dans sa campagne contre les Perses, descendit, par l'Euphrate, depuis Circesium (embouchure du Khabouar) jusqu'à la Chaldée, les bagages et les approvisionnements de l'armée. Mais les Babyloniens ne pouvaient remonter vers Ninive par le Tigre, et les Perses ne pouvaient, par l'Euphrate, gagner les provinces d'Edesse et d'Antioche. De ce fait, les habitants du haut pays ont toujours eu sur ceux des basses régions une supériorité marquée.

Lorsque les fleuves étaient très navigués, on avait construit des quais aux approches des villes. C'est ainsi qu'en Egypte nous connaissons les quais de Thèbes (à Karnak), de Ptolémaïe, d'Antinoe, etc. Il suffit pour les retrouver de pratiquer de longues tranchées entre le pied des ruines de la ville et la berge actuelle du fleuve. On coupe, en travers, les constructions qu'il suffit alors de déblayer. On vérifiera ainsi les changements survenus depuis l'antiquité dans la direction suivie par le lit des fleuves et dans la hauteur des eaux. En déblayant Karnak, M. G. Legrain a retrouvé, marqués sur les quais, les niveaux maxima des crues du Nil pendant une longue suite de siècles.

Les canaux étaient également navigables. La plupart du temps ils sont aujourd'hui ensablés; ils servaient en même temps à l'irrigation des terres et c'est plutôt dans ce but qu'ils ont été creusés. Toutefois, nous ne devons pas manquer de noter, en passant, que c'est par les canaux que se fixent les communications entre l'Euphrate et le Tigre.

L'étude des routes terrestres est infiniment plus difficile que celle des voies maritimes et fluviales; elle exige de longues recherches, de nombreux sondages et, parfois, des travaux de fouille.

Les reliefs du sol fournissent de précieuses indications générales, tant pour les grandes voies réunissant des contrées éloignées que pour les chemins plus courts permettant de passer d'un royaume dans un royaume voisin, d'un district dans un autre.

On doit envisager avant tout les barrières naturelles, chaînes de montagnes, marais ou fleuves et les points où elles peuvent être franchies.

Pour passer de la Gaule cisalpine dans la Gaule transalpine et vice-versa, la route la plus aisée est celle du littoral méditerranéen. Annibal et Bonaparte, en franchissant les Alpes avec leurs armées, accomplirent un prodige d'audace et de valeur qui stupéfia leurs ennemis.

Entre les plaines de Scythie et les vallées du Phase et du Cyrus, il n'existe encore aujourd'hui que deux passes : celle de Derbend, les Pyles caspiennes, et les défilés du Dariall.

Trois voies seulement s'offraient aux armées assyriennes pour attaquer Suse : la voie de mer en partant des bouches, alors distinctes, de l'Euphrate et du Tigre, et en débarquant l'armée sur la côte méridionale de la Susiane, près de l'actuelle Ahwaz ; la route de la plaine, en suivant le pied des montagnes du Pouchté-Kouh et en laissant les marais sur sa droite ; et, enfin, la voie du nord qui, partant de Khalman (Ser-i-Poul), franchissait les montagnes des Kialhours d'aujourd'hui pour gagner la haute vallée de la Kerkha et longer ce fleuve en descendant jusqu'à Madaktou, Haltemas et Suse.

Dans leurs campagnes contre l'Egypte, les rois achéménides devaient, d'abord, gagner la Syrie septentrionale et la mer, en suivre le littoral et pénétrer dans le delta du Nil par Péluse. Toute autre voie leur était interdite par l'aridité du désert.

Je n'en finirais pas si je voulais citer tous les exemples des routes imposées aux conquérants et au commerce par la nature des lieux. Ce que j'ai dit des grandes voies est applicable aux routes secondaires ; pour écrire l'histoire d'un pays, il faut donc posséder sa géographie jusque dans les moindres détails.

Les routes naturelles ont souvent été améliorées. L'Italie et la Gaule étaient à l'époque romaine couvertes de chaussées reliant les grands centres entre eux.

Les Sassanides avaient effectué dans le Zagros de vastes travaux pour relier leurs palais de Ctésiphon, de Qasré Chirin et de Ser-i-Poul à leur résidence de Kirmanchah et au nord de leur empire. Cette voie leur permettait d'amener rapidement, sur leur frontière de l'Euphrate et du Tigre, les contingents de l'Azerbeïdjan (Atropatène) et du plateau. Ils avaient également relié Ctésiphon à leur capitale du Fars par une route passant par Meiboud, Ram-Hormuz, Chouster, Dizfoul et Pâ-i-Poul, traversant Kouh Hamrîn et gagnant le pays plat non loin de leur capitale de la Chaldée. Cette route était appropriée au passage des fleuves de là Susiane.

Il est rare qu'une route antique présente un tracé continu, surtout en Orient. Si elle est dallée, une série de sondages permet d'en retrouver les vestiges ; sinon, c'est aux points difficiles qu'on trouvera les restes du travail antique ; les ponts n'ont pas entièrement disparu, le pavage existe encore sur quelques points, enfin les entailles dans le rocher se sont toujours conservées ; on jalonnera ainsi le tracé sur la carte en se guidant, dans ses recherches, par la nature des lieux.

Un tracé de route antique passe toujours auprès de ruines plus ou moins importantes et de monticules. C'est en interrogeant ces vestiges qu'on terminera son travail par l'énumération des villes desservies par le tracé; les fouilles révéleront leurs noms.

Les voies commerciales sont généralement beaucoup plus indécises que les routes stratégiques : la raison en est qu'aucun souverain n'a eu intérêt à les améliorer, qu'elles ont été créées et entretenues par les caravaniers, dont le seul souci est de pouvoir passer sans trop d'encombre. Ce que nous voyons en Orient à ce sujet est ce que nous aurions vu dans nos pays d'Europe, si nous y avions vécu il y a deux ou trois mille ans ; les caravanes suivent les voies naturelles, gravissent les cols, passent les gués, sans que le chemin soit tracé autrement que par le passage des hommes et des animaux. Dans les montagnes le pied des bêtes a souvent creusé profondément la roche et ces traces demeurent éternellement. Mais un sentier de village, une route de migration des tribus nomades, ne diffèrent en rien d'une grande route : dans tous les cas, les animaux traversent en file indienne les passages étroits. La route si fréquentée, qui relie le plateau persan à l'Arménie et à Trébizonde, n'est pas plus large ni mieux entretenue que celles qui permettent aux nomades de gagner les pâturages d'été.

L'archéologue n'a donc pas à chercher sur le terrain les traces des voies commerciales antiques; il ne peut en comprendre le tracé réel qu'en étudiant les pays qu'elles traversaient, au point de vue de leur géographie physique, en tenant compte des centres par lesquels elles devaient forcément passer.

Prenons comme exemple la route suivie par les Scythes et, plus tard, par les Turcs, dans leur marche vers les rives du Tigre.

Pour passer des steppes de la Transcaspienne et de la Russie méridionale dans le plateau iranien, deux voies s'offrent : la route de Merw à Méched à l'orient, et les passes de Derbent à l'occident.

La branche orientale de la migration, une fois parvenue à Méched, doit forcément longer le pied méridional des montagnes de l'Elbrouz, passer à Chah-Roud et à Tehéran. Au sud elle rencontrerait le Désert Salé et manquerait d'eau ; au nord elle serait arrêtée par les montagnes, par les marais et les fleuves du Mazanderan et du Ghilan. Sa route est donc obligée jusqu'à Téhéran et presque jusqu'à Kazvin ; de là elle peut envahir l'Atropatène et le sud-ouest du plateau persan.

La branche occidentale d'une migration partant des plaines situées au nord du Caucase ne pouvait autrefois franchir cette muraille que par les défilés de Derbent ; elle gagnait le site actuel de Bakou, où elle ne pouvait se maintenir ; force lui était de gagner l'Araxe et le Cyrus, puis de traverser ces fleuves et de venir s'établir dans la steppe de Moughan. Au delà, deux routes s'offrent à elle : la vallée de l'Araxe et la direction d'Ardebil ; elle laisse ainsi le Petit Caucase sur sa droite et passe autour du Qaradagh, sans s'y aventurer, cheminant toujours dans les pays fertiles.

Scythes et Turcs occupèrent d'abord l'Azerbeïdjan par les voies que je viens d'indiquer. Les Scythes, alliés des Mèdes dans leur incursion contre Ninive, traversèrent les montagnes kurdes par les passes de Keléchin, de Khoï, d'Alan et d'Avroman, et se trouvèrent, de suite, en pays assyrien. Les Turcs, laissant le Kurdistan au sud et le Petit Caucase au nord, entrèrent en Arménie et s'écoulèrent par les vallées du Taurus.

Ces migrations ne purent s'effectuer autrement ; la nature des lieux ne leur laissait pas le choix. Or ces voies sont les mêmes que suivaient les caravanes depuis les temps les plus reculés et qu'elles suivent encore de nos jours.

Dans les pays montagneux, les tracés des routes sont peu nombreux, de même que dans les plaines privées d'eau ; on les jalonne facilement au moyen des ruines, des défilés, des gués et des points d'eau. Dans les plaines fertiles, seuls les gués et les ruines peuvent servir de guide.

Si je me suis étendu sur les routes antiques, c'est que leur rôle dans l'histoire est prépondérant et qu'il est impossible de parler d'un pays sans connaître ses voies de communication. L'archéologue, pour faire de semblables études, doit se transformer en officier d'état-major ; mais il risque fort d'être arrêté comme espion, ce qui, d'ailleurs, m'est arrivé plusieurs fois.

X

DU TRANSPORT ET DE LA CONSERVATION DES ANTIQUITÉS

Deux mobiles peuvent pousser l'homme à recueillir les restes du passé : la curiosité de connaître les faits des temps anciens, et le désir de posséder des objets précieux.

Cette dernière manière d'envisager les vestiges de l'antiquité serait trop inférieure pour que nous nous y arrêtions, si ces amateurs de documents ne causaient aucun préjudice à la science; malheureusement l'offre qu'ils font de sommes parfois élevées pour des objets anciens a fait naître une légion de vendeurs commandant elle-même à des milliers de fouilleurs qui dévastent, sans profit pour la science, des régions entières où l'histoire eût fait d'abondantes moissons.

A Paris, à Londres, à Berlin, à New-York, le marché est si bien établi, qu'aujourd'hui les antiquités font l'objet d'un commerce tout comme la soie ou le coton. Le vieux monde oriental est le pays producteur : chaque village a ses fouilleurs que des courtiers visitent régulièrement. Les « marchandises » sont concentrées dans les grandes villes, d'où elles partent pour l'Europe ; là, des agents les présentent aux musées, aux collectionneurs et aux marchands européens.

Tel objet payé cinq francs au fellah de la Chaldée ou de l'Egypte prend parfois à Paris ou à Londres une valeur mille fois plus grande ; il en résulte que, dans certains pays, la population tout entière vit des antiquités de son sol et que le pillage est complet.

Non seulement cet état de choses amène la destruction de documents qui ne seront jamais remplacés, mais les épaves qui nous arrivent en Europe sont souvent, presque toujours même, mélangés d'objets faux qui, achetés par les amateurs, sèment le doute dans les esprits et jettent une grande confusion dans la science.

Je dois dire, à l'honneur des archéologues induits en erreurs, qu'il est bien peu de connaisseurs qui n'aient été plusieurs fois trompés dans leur vie. Le travail des faussaires est si rémunérateur que, souvent, ils sont passés maîtres dans l'art d'imiter l'antique.

Plusieurs pays, la Grèce, la Turquie, l'Egypte, ont fait des lois pour arrêter la dévastation des sites antiques. Mais les bénéfices sont tels, dans cette exploitation, que rien ne peut l'arrêter. J'ai lutté en Egypte, sans succès, pendant six ans, contre les fouilles illicites (1). Le Gouvernement égyptien lui-même les favorisait alors officieusement, considérant qu'il serait injuste d'enlever au fellah un moyen de vivre et de payer l'impôt. Il n'était pas rare que des marchands vinssent m'offrir au palais de Ghizéh des antiquités provenant de travaux illicites faits à la barbe de mon administration, sans que je pusse rien dire. Je n'achetais presque jamais, réservant mes ressources pour pratiquer des fouilles autrement rémunératrices que des achats.

L'objet acheté perd la majeure partie de sa valeur par ce fait que, les conditions dans lesquelles il a été trouvé n'étant pas connues, il ne présente plus d'intérêt que par lui-même, et cet intérêt diminue encore considérablement, car, dans bien des cas, l'authenticité de la pièce peut être mise en doute.

On voit au milieu de quels dangers vogue la science, quand elle s'attache aux objets de provenance inconnue. Mais il y a pis encore : ce sont les gens qui, sous les dehors de la science, font de vastes opérations commerciales avec leurs collections. Si le faux est un danger, le maquillage en est un autre, moins malhonnête, mais tout aussi dangereux pour la science.

L'objet antique doit être respecté, même dans ses défauts, même dans l'état de délabrement dans lequel il nous parvient parfois; la main qui, au xxᵉ siècle, retouche une œuvre antique ou imite les parties qui manquent, est une main sacrilège. N'est-il pas plus simple de faire un moulage, une copie des fragments qui nous ont été légués par l'antiquité, et de se servir de ces copies pour tenter une reconstitution? L'original restera pur.

Loin de moi la pensée de ne pas rassembler les morceaux épars pour les fixer dans la position qu'ils occupaient jadis. S'agit-il d'un vase? Rien n'empêche de remplacer les fragments absents par des pièces neuves, à la condition toutefois, que cette pièce ne soit pas couverte de peintures qui, dès lors, constitueraient un faux. Tant que la réparation est visible du premier coup d'œil, ce n'est qu'une consolidation; du jour où l'on veut la dissimuler, en continuant, par exemple, un dessin existant déjà sur le reste de l'objet, on commet un faux, car rien ne prouve que ce dessin fût continu.

_____

(1) 1891-1897.

Dans mes travaux de consolidation des monuments égyptiens, je construisais des murailles là où il s'en trouvait autrefois, quand leur défaut était de nature à compromettre la solidité de l'édifice. Mais ces murailles je les bâtissais à 2 cm. en retrait sur les murs antiques, afin qu'il fût bien visible que je ne cherchais pas à illusionner le visiteur. Cette méthode est aujourd'hui encore suivie par le Service des antiquités de l'Egypte.

La récolte des objets n'est pas aussi facile qu'on le penserait, car, souvent, les antiquités sont décomposées et d'une extrême fragilité; on n'use jamais de trop de précautions dans certains cas; parfois aussi il devient nécessaire de consolider sur place les objets au moyen de silicate de potasse en dissolution, de colle-forte très étendue d'eau, de stéarine, de blanc de baleine, etc. Sur le terrain, cette consolidation est généralement très difficile; à domicile, c'est une opération fort aisée : il suffit de plonger l'objet dans le liquide(1) ou de l'humecter à l'aide d'un pinceau. Beaucoup d'objets peuvent être lavés au sortir de terre, mais beaucoup aussi ne supportent pas l'eau, tels les tablettes de terre crue, certains vases peints, etc.

Dans les terrains salpêtrés, comme il y en a tant en Chaldée, les objets de terre cuite ou crue se dégradent très rapidement sous l'action de l'humidité de l'air. En effet, dans les temps humides, les azotates alcalins renfermés dans l'objet se dissolvent et souvent coulent en gouttes dans les vitrines; lorsque le temps devient sec, les sels cristallisent par évaporation de l'eau, et les petits cristaux qui se forment, agissant sur les parois des fentes imperceptibles de l'objet, sur les cavités minuscules que contient toujours l'argile, effritent l'objet, qui ne tarde pas à tomber en poussière.

C'est ainsi que la base des colonnes du temple de Karnak avait été rongée par le salpêtre sous l'action chaque année répétée de la cristallisation des azotates; les grès s'étaient désagrégés et ces énormes blocs, de vingt mètres et plus de hauteur, ne reposaient plus que sur un socle de sable.

J'ai essayé de tous les moyens pour arrêter cette décomposition en ce qui concerne les petits objets. Un séjour prolongé dans l'eau, lorsque la tablette est cuite, enlève parfois la majeure partie des sels, mais ne la préserve pas d'une façon absolue. La colle forte ne pénètre pas dans l'argile crue. La stéarine et le blanc de baleine forment une croûte de quelques millimètres

---

(1) Silicate de potasse.
Colle forte, 10 0/0 environ pour 90 d'eau, l'employer à chaud par bains successifs et laisser sécher l'objet entre deux bains.
Stéarine et blanc de baleine, l'employer à chaud au bain-marie.

d'épaisseur, mettant la masse imprégnée de sels à l'abri des agents atmosphériques. Mais le procédé le plus sûr, lorsqu'il s'agit d'un document très important, est de plonger la tablette dans un bocal rempli d'huile de schiste ou de glycérine. Ce procédé est employé dans toutes les collections de minéralogie, pour conserver les échantillons déliquescents.

A Suse, fort heureusement, les terres sont très peu salpêtrées et nous n'avons pas à craindre ces inconvénients. Mais, en Chaldée, les tells sont de véritables salpêtrières et le musée de Constantinople a déjà perdu de ce fait des milliers de tablettes provenant de Telloh, de Niffer, de Babylone, de Sippara, etc.

Les métaux sont parfois aussi d'une conservation difficile. J'en excepte l'or qui, ne rencontrant généralement pas dans la nature d'acides capables de l'altérer, conserve son éclat métallique et sa malléabilité. Il se couvre parfois d'incrustations calcaires qu'il est aisé de faire disparaître au moyen d'un acide.

L'argent est, le plus souvent, altéré par les substances qu'il rencontre dans le sol; tous les acides l'attaquent; les sulfates, les azotates, les chlorures sont solubles et disparaissent peu à peu dans la terre, laissant l'objet antique demi-rongé. Quelquefois même cet objet disparaît entièrement et il ne reste plus qu'une coloration foncée dans les terres voisines du point qu'il occupait.

Les carbonates et les sulfures d'argent sont insolubles. Il se forme, à la surface des objets ou des médailles, une croûte plus ou moins épaisse qu'il sera nécessaire d'enlever pour retrouver les détails de l'objet. L'argent sulfuré comme l'argent carbonaté, sont très fragiles, alors même que la totalité du métal n'aurait pas été transformée en sels.

Le meilleur guide pour l'étude des objets d'argent est sans contredit l'examen des médailles antiques. On en rencontre partout en grande abondance et la composition de leur alliage est extrêmement variée.

Dans les terrains exempts de sels alcalins et d'acides minéraux, l'argent pur se couvre d'une légère pellicule noire qui, dans la plupart des cas, ne porte aucun préjudice à la netteté de la médaille. Dans les terres azotées basiques, il se combine rapidement avec l'oxygène et l'acide carbonique du sol, s'encroûte fortement, et devient cassant. Dans les terrains volcaniques, il se sulfure, devient noir et fragile. Enfin, dans les milieux à réaction acide, il disparaît.

Je n'entrerai pas ici dans la composition chimique des croûtes et des patines pas plus que dans l'exposé des réactions qui les produisent. Le nettoyage d'un objet d'argent se fait suivant des méthodes très diverses par suite de la composition des parties altérées. Le mieux est de ne jamais chercher à les nettoyer sur place et de réserver ce travail pour le laboratoire.

Le plomb se couvre rapidement,dans tous les milieux,d'une couche d'oxyde
et de carbonate ; il est bien plus sensible aux agents oxydants que ne l'est
l'argent et il est fréquent de rencontrer des objets de plomb entièrement trans-
formés en sels insolubles. Il n'est pas possible de nettoyer ces objets sans les
détériorer. Le mieux est de leur faire subir un simple lavage à l'eau et de les
laisser dans l'état où ils ont été trouvés.

Le cuivre et le bronze sont également très sensibles ; leur mode d'oxydation
dépend de la nature des alliages et de celle du sol dans lequel les objets ont
séjourné.

Dans les tourbières,le bronze conserve son éclat métallique et devient jaune
d'or par contact avec les acides organiques qui le rongent lentement. En présence de l'air, il se couvre d'une pellicule de carbonate vert et prend une
patine plus ou moins sombre, dite patine antique. Cette pellicule met le reste
du métal à l'abri des influences atmosphériques et le protège indéfiniment.

Il en est de même dans les terrains argileux et argilo-sableux. Dans les
sables, au contraire, la patine est rarement lisse ; elle se compose en général
d'une croûte irrégulière effaçant la plupart des détails de l'objet. Dans les
pays où le sol renferme des eaux calcaires, il se forme rapidement, sur la
patine même, une couche plus ou moins épaisse de carbonate de chaux plus
ou moins dense, ajoutant encore une protection de plus au noyau métallique.
Ces concrétions deviennent parfois de véritables nodules (1) qu'il faut briser
pour trouver l'objet.

Dans les terrains volcaniques, suivant les circonstances, le cuivre peut se
sulfurer, se phosphater et même se carbonater; les sulfures sont noirs et ne
donnent pas de patine, les carbonates restent verts. Quant aux phosphates, ils
donnent à l'objet une patine bleu clair fort belle, mais aussi extrêmement rare.

J'ai vu dans les diverses collections de l'Europe une foule d'objets patinés.
J'en ai rencontré dans mes propres fouilles,tant en Europe que dans le Caucase
et le nord de la Perse. Mais en Egypte, en Chaldée et dans l'Elam,je n'ai jamais
rencontré la moindre trace de patine. C'est que, dans ces pays, le sol est très
alcalin et que les terres alcalines favorisent l'oxydation du métal.

L'encroûtement de carbonate qui recouvre les objets est toujours séparé du
métal inattaqué par une couche plus ou moins épaisse d'oxyde rouge de
cuivre (2). Cet oxyde a conservé les détails les plus fins de l'objet; il suffirait

(1) C'est le cas dans les cités lacustres du lac de Genève.
(2) Cette couche varie d'épaisseur entre 1^{mm} environ et quelques centièmes de milli-
mètre.

donc d'enlever la croûte irrégulière verte pour obtenir l'objet. Malheureusement, au contact de l'humidité atmosphérique, cet oxyde rouge se carbonate, devient vert et efflorescent; il se forme là une réaction qui se prolonge même lorsque tout l'oxyde rouge s'est carbonaté, et l'attaque du métal se continue. Il est donc essentiel d'enlever toute la partie oxydée et carbonatée et de mettre le métal à nu.

Il est très imprudent de nettoyer les bronzes sur place, car il est impossible de le faire complètement, et les parties attaquées, qui n'ont pu être enlevées, mettent en danger la pièce tout entière. Le mieux est d'enduire l'objet d'un corps gras, afin de protéger sa surface contre les agents atmosphériques, et de l'expédier dans ces conditions. Son nettoyage se fera en laboratoire.

Le fer se conserve encore plus mal que tous les métaux et alliages dont je viens de parler, quel que soit le terrain dans lequel il a séjourné. On le trouve, dans le sol, couvert d'une épaisse couche de rouille et souvent entièrement décomposé. Cette rouille tombe peu à peu par plaques et l'objet est perdu. Le seul moyen de la conserver, moyen qui d'ailleurs ne réussit pas toujours, est de l'isoler de l'air ambiant au moyen d'épaisses couches de vernis, de cire, de stéarine ou de blanc de baleine. Mais, avant de faire ces applications, il est nécessaire de passer l'objet à l'étuve à une température supérieure à 100° et inférieure à 300, afin de chasser autant que possible l'humidité renfermée mécaniquement dans la masse de l'oxyde. Ce travail est difficile à effectuer sur place, et cependant il est parfois indispensable, car j'ai vu des objets de fer se décomposer en moins d'un mois.

Si les métaux sont d'une conservation difficile, la pierre parfois ne le leur cède en rien. Bien des monuments ont été ruinés par le feu, et les flammes, en léchant les murailles, ont plus ou moins calciné les ornements qu'elles portaient. Sous l'action de la chaleur, les roches siliceuses s'éclatent et tombent en fragments; les roches calcaires, sans changer d'aspect extérieur, abandonnent l'acide carbonique qu'elles renfermaient et se transforment en chaux vive. Si, plus tard, l'humidité les atteint, cette chaux s'hydrate et se répand dans le sol. Mais, souvent, la température n'a pas été assez élevée pour que les pierres siliceuses tombent en morceaux et pour que les marbres soient entièrement décomposés; l'œuvre de destruction n'a fait que de commencer.

On parvient à sauver ces monuments en fermant avec du plâtre très liquide toutes les fentes de la pierre et même en enveloppant le bloc tout entier de plâtre à mouler. Pour les roches calcaires l'emploi du silicate de potasse rend de grands services en transformant les parties brûlées en silicate de chaux.

C'est en procédant de la sorte qu'il m'a été possible d'apporter au Louvre la stèle du roi Naram-Sin. Sculptée dans un grès tertiaire à pâte calcaire, elle avait été brûlée lors de l'incendie de Suse et était si fragile que, pendant bien longtemps, j'ai désespéré de la pouvoir sauver.

L'emballage et le transport des antiquités exige de très grandes précautions et une surveillance incessante, surtout en pays orientaux. Le désastre des radeaux chargés des produits des fouilles françaises à Ninive et à Babylone est une bien triste leçon dont il faut savoir profiter. Les transports, quand on ne peut les conduire soi-même, doivent toujours être accompagnés d'un Européen et d'une force de police suffisante pour en assurer la sécurité.

Quant au classement des antiquités dans un musée, c'est une affaire très importante à laquelle, malheureusement, on n'accorde pas encore assez de soin dans bien des cas.

Autrefois les musées étaient les cabinets où les princes et des grands seigneurs se plaisaient à réunir des objets curieux et surtout de valeur artistique. L'objet d'art antique n'était autre qu'un meuble précieux, un ornement rare dans les salles d'un palais, et cette façon d'envisager l'antiquité est encore celle de bien des gens superficiels, comme on l'était au xviiie siècle.

Heureusement que cette catégorie d'esthètes de l'ancien temps tend à diminuer de jour en jour. Les restes de l'antiquité sont souvent, aujourd'hui, considérés, respectés et classés comme d'inestimables documents, dans l'ordre le plus favorable à leur étude scientifique ou artistique.

Il ne s'agit plus aujourd'hui, en effet, de grouper les monuments suivant les caprices des salles dont on dispose et de leur architecture, mais bien par pays, par époques et par nature.

Il faut, autant que possible, séparer les époques et les pays, sans quoi ils se nuisent réciproquement; leur amalgame fausse les idées des visiteurs et rend les études plus difficiles. Mettre ensemble de l'assyrien et du chaldéen, du romain et du franc, du gaulois et du scandinave, est commettre de graves erreurs. Il faut que les documents de chaque pays et de chaque époque, puissent être examinés sans que le visiteur soit préoccupé de les trier au milieu de ce désordre anti-scientifique.

Le musée de Ghizéh, qui, pendant six années, fut placé sous mes ordres, est un modèle d'exposition. Il ne renferme que des objets Pharaoniques, depuis qu'en 1893 j'ai créé le musée d'Alexandrie pour les antiquités grecques et romaines d'Egypte.

Fondé par Mariette, classé par Maspero, le musée du Caire voit ses monuments rangés chronologiquement et par série d'objets ayant eu le même usage. Il est aisé d'y travailler; l'artiste et le savant trouvent également leur compte dans cette classification. En 1892, je l'ai augmenté de 46 salles nouvelles, je l'ai entièrement remanié, mais je me suis bien gardé de troubler quoi que ce soit dans l'ordre adopté par mes très savants prédécesseurs. Ce musée est peut-être le mieux classé qu'il existe.

Pour des fouilles spéciales dans des pays peu ou pas connus, il est nécessaire de conserver ensemble toutes les collections et de ranger chronologiquement les antiquités.

Les musées étant faits pour l'éducation scientifique et artistique du public, je suis d'avis qu'il faut, non seulement en publier le catalogue raisonné, mais aussi placer sur chaque objet une étiquette explicative. Ainsi le visiteur n'aura plus le fastidieux travail de chercher dans un petit volume, trop souvent incomplet et qu'il est obligé de payer, des renseignements qu'on lui doit sans lui causer ni fatigue ni dépense. Combien de personnes visitant un musée renoncent à chercher les numéros dans le catalogue et finissent par traverser les salles sans qu'aucun objet fixe leur attention !

Pour compléter l'éducation du public, il est nécessaire, à mon sens, d'y placer des cartes du pays, des plans, des vues des monuments contemporains des objets placés en vitrine. Ainsi, sans effort, le visiteur s'instruira et, si son esprit le pousse vers les études de ce genre, il aura vite fait de se procurer ou de consulter les ouvrages spéciaux. A cet égard une brochure donnant la bibliographie des ouvrages traitant des antiquités exposées serait plus utile au public que des catalogues sommaires, parfois en retard d'un quart de siècle.

Un conservateur de musée doit toujours se rappeler que Mariette, surveillant de collège, est devenu Mariette, fondateur du Service des antiquités de l'Egypte, pour avoir vu une momie au musée de Boulogne; qu'il faut s'ingénier pour offrir au public le moyen de s'instruire et que, dans ce public, se trouvent des Mariette, des Champollion, qui n'attendent pour se manifester qu'une occasion.

Aujourd'hui donc, les collections archéologiques doivent être envisagées au point de vue scientifique, tout comme les séries de documents servant à l'étude de l'histoire naturelle. On doit, comme de juste, chercher à rendre attrayante l'exposition, mais il ne faut pas que le charme des yeux trouble l'ordre scientifique imposé par la nature des objets.

XI

DE LA PUBLICATION DES RÉSULTATS DES RECHERCHES

Jadis, il y a cent ans tout au plus, toutes les publications scientifiques se faisaient en latin, latin barbare, il est vrai, mais suffisant pour être entendu. Aujourd'hui, cet usage est tombé en désuétude. Il n'existe plus de langue scientifique. Seuls, quelques naturalistes persistent encore à donner les descriptions essentielles dans une langue qu'Horace, Virgile et Tacite eussent eu grand'peine à comprendre, mais qui est intelligible pour tous ceux qui s'adonnent à la même branche des sciences naturelles.

La disparition du latin a créé, dans la littérature scientifique, une véritable confusion des langues : elle oblige celui qui se destine aux sciences à connaître, non seulement tout ce qui a rapport à ses études de près ou de loin, mais aussi à posséder des notions très étendues des diverses langues étrangères.

Ecrire la monographie d'un groupe particulier d'animaux ou faire des études géologiques d'ensemble exige la connaissance de toutes les langues de l'Europe et plus spécialement du français, de l'anglais et de l'allemand, car c'est dans ces langues que se trouvent les écrits les plus importants. Ignorer une brochure danoise, hollandaise ou portugaise, c'est s'exposer à citer comme nouveaux des faits déjà décrits.

En archéologie égyptienne, grecque ou étrusque, il n'est pas un pays qui ne possède ses publications spéciales, souvent fort intéressantes ; en sorte que l'archéologue doit non seulement apprendre les langues des pays où il compte diriger ses recherches, mais qu'il doit pouvoir lire tout ce qui a été dit sur les questions qui l'intéressent, quelle qu'en soit la langue.

Ces difficiles conditions sont un grand obstacle à l'avancement rapide des sciences ; l'entente est loin d'être complète, malgré les congrès entre savants de nationalités différentes, et si la vulgarisation banale y a gagné, le but principal vers lequel tendent tous les efforts y a largement perdu.

Quoi qu'il en soit, nous devons accepter les usages tels qu'ils sont, tout en déplorant le désordre qu'ils jettent dans nos études, et publier nos mémoires archéologiques dans notre propre langue.

Il ne faut pas confondre le compte-rendu d'une campagne de recherches avec un travail d'ensemble sur une question même spéciale.

Fouiller un temple, un palais, n'est pas étudier l'architecture générale du pays où cet édifice a été construit, du temps auquel il a été bâti.

L'archéologue doit d'abord rendre un compte fidèle et détaillé de ses découvertes et, s'il cherche à les expliquer, faire en sorte qu'à première vue il soit possible de retrouver ses témoignages et de les distinguer de ses déductions, comparaisons et opinions personnelles.

Les témoignages doivent être accompagnés de plans, de coupes, de vues, de dessins d'objets, de tout ce qui peut aider à la compréhension du sujet.

Les restaurations et reconstitutions doivent faire l'objet d'une division spéciale du travail. Chaque restauration doit être appuyée sur des témoignages, mais ne pas se confondre avec eux.

Les éléments authentiques d'une reconstitution, les pièces à l'appui, doivent être donnés aussi complètement que possible, et près d'une reconstitution doit toujours se trouver l'état actuel.

Il en est de même pour les réparations des objets. On n'est en droit que de les faire sur le papier. Comme de juste, dans un objet brisé, les pièces doivent être assemblées, les morceaux manquants remplacés, mais de telle sorte que chacun puisse distinguer de prime abord les morceaux antiques de ceux qui ne le sont pas. Dans les publications c'est manquer de bonne foi que de donner l'image d'un objet maquillé sans en montrer l'état au moment de la découverte.

L'exposé clair et sincère des découvertes n'empêche certes pas l'auteur de s'étendre sur leur sujet, d'entrer dans des comparaisons, de tirer des conclusions; il peut le faire soit dans le cours de son ouvrage, soit dans une partie spéciale de son livre; mais avant tout il doit fournir les documents. C'est le but même de ses recherches.

Il existe malheureusement bon nombre d'ouvrages où il est impossible de distinguer le vrai de l'hypothétique. Ces travaux, souvent bien illustrés, peuvent obtenir un grand succès auprès du gros public; mais le monde savant n'en tient aucun compte, et s'ils sont cités, c'est dans des ouvrages de vulgarisation dont les auteurs sont parfois moins soucieux de la vérité que de la vente de leur volume.

Il est deux méthodes différentes pour rendre compte de recherches archéologiques, la publication du journal des fouilles et la description rationnelle des résultats.

La publication du journal des fouilles est, dans certains cas, préférable à tout autre procédé, lorsqu'il s'agit de monuments exigeant des travaux de médiocre importance, tels que les nécropoles ne renfermant pas de tombes monumentales, les cavernes préhistoriques, les kjoekkenmoedding, les terramares, etc. Le journal des fouilles doit alors être suivi de considérations générales.

Dans les édifices importants tels que les palais, les temples, les grands tombeaux, on peut, il est vrai, ranger les monuments dans l'ordre chronologique de leur découverte, mais il est essentiel de donner pour chacun d'eux au même chapitre tous les renseignements qui s'y rapportent.

Les trouvailles d'objets doivent également être décrites à part en les reportant au monument qui les a fournies.

Afin de ne point embrouiller les descriptions, déjà souvent fort compliquées, des monuments, il semble bien préférable de rejeter, après leur exposé, les trouvailles, soit qu'elles constituent des collections nombreuses, soit que les objets aient été trouvés isolés.

Dans les fouilles où, comme à Suse, les ruines ne présentent que fort peu d'intérêt, les publications portent alors uniquement sur les trouvailles et sur les textes.

Les inscriptions doivent être publiées suivant l'ordre chronologique, afin de rendre plus facile la recherche dans les ouvrages.

Si ces textes sont en plusieurs langues, on peut, soit mélangér les diverses langues entre elles et conserver toujours l'ordre chronologique, soit publier en autant de parties qu'il y a de langues.

Cette dernière méthode semble être de beaucoup la meilleure, car, sans nuire à la clarté des documents historiques, on facilite beaucoup les études linguistiques.

Dans une publication, même fort importante, on peut semer dans la description des découvertes les documents épigraphiques ou les réunir en un corpus qu'il sera toujours aisé de consulter en étudiant le côté archéologique.

J'ai employé la première de ces méthodes dans la publication de mes fouilles à Dahchour (Egypte). J'emploie l'autre pour donner au public les résultats de mes travaux à Suse.

Les publications doivent être faites aussi rapidement que possible, car le public savant attend ces ouvrages souvent avec impatience ; mais les retards ne dépendent pas toujours de la volonté de l'auteur ; mille raisons viennent souvent arrêter l'impression d'un livre. Sans compter que bien des auteurs éprouvent souvent de grandes difficultés pour trouver un éditeur.

Autant que possible, il faut se servir, pour la publication des objets, de la reproduction photographique. Mais ces reproductions ne sont satisfaisantes qu'alors qu'elles sont tirées en planches hors texte. Pour les figures dans le texte, le meilleur procédé est encore le dessin à la plume reporté sur zinc par des procédés photographiques; mais ces dessins doivent être faits avec une grande conscience.

A moins que l'auteur ne se lance dans des considérations générales exigeant de nombreuses recherches bibliographiques, la rédaction des résultats d'une fouille, alors même qu'elle serait considérable, exige fort peu de temps. On s'étonne donc, à juste titre, de la lenteur avec laquelle apparaissent certains documents. Non seulement on doit publier vite ce qu'on a découvert, mais on doit donner au public tous les renseignements importants qu'on possède, afin de ne pas entraver les progrès de la science; il est des archéologues qui gardent par devers eux des documents de premier ordre, mus par des sentiments personnels sur lesquels je préfère ne pas m'arrêter.

Grâce aux nombreuses sociétés savantes, aux publications périodiques et surtout au grand appui que le Gouvernement français accorde aux efforts scientifiques, il n'est pas un archéologue qui ne puisse donner au public le compte-rendu de ses travaux

On voit combien est vaste le champ de l'archéologie et combien sont multiples les connaissances qu'une mission doit posséder pour retirer de ses recherches tout le fruit qu'il convient.

Le plus grand exemple, dans ce genre de travaux, est celui que donna le général Bonaparte. Ses hautes conceptions s'étendaient à toutes les branches de l'intelligence humaine. Il possédait toutes les sciences, parce qu'il savait s'entourer, et réservait pour sa part personnelle les vues d'ensemble, la direction de cette œuvre colossale de la commission d'Egypte. Quel modèle pour ceux qui, dans un cercle plus restreint, envisagent le dépouillement scientifique d'une région ! Quel enseignement pour ceux qui sont appelés à diriger des expéditions scientifiques !

Malheureusement nos missions ne retrouveront jamais un Bonaparte pour les conduire et ne disposeront plus des ressources illimitées dont le général de la République fit un si grand usage ; notre ambition doit rester en rapport avec les moyens mis à notre disposition. Dans tous les cas, quel que soit le champ de nos recherches, nous devons n'entreprendre que des travaux en rapport avec nos ressources matérielles et scientifiques.

Cette préoccupation doit primer toute autre, car le missionnaire, en acceptant sa tâche, reçoit une partie de la fortune scientifique du monde. Il n'a pas le droit d'en mésuser et doit proportionner l'étendue de l'œuvre entreprise aux moyens dont il dispose, et, chose plus délicate de sa part, à ses capacités scientifiques personnelles. Embrasser plus que ses connaissances ne le lui permettent est dilapider des documents dont un autre que lui eût tiré meilleur parti.

Dans cet ordre d'idées, l'archéologue, ou plutôt la mission archéologique, doit être plus encyclopédique que toute autre entreprise scientifique.

Une exploration géologique exige de la part de ceux qui s'y livrent la connaissance de la topographie, de la stratigraphie, de la paléontologie, de la minéralogie et de la pétrographie seulement ; toutes sciences qui, d'ailleurs, font partie du même groupe d'études.

Une mission entomologique peut être menée à bien par un naturaliste connaissant les insectes, la botanique et la climatologie.

Il en est tout autrement en ce qui concerne l'archéologie; le domaine de cette science, étant des plus variés, comprend toutes les branches de l'histoire de l'homme et bon nombre de sciences naturelles.

On ne peut exiger d'un seul homme toutes ces connaissances : aussi l'archéologue, à mon sens, ne doit-il jamais opérer isolé; il doit s'adjoindre les spécialistes dont les connaissances lui sont étrangères.

Parmi ces spécialités, il en est, telles que la linguistique et l'épigraphie, dont on ne peut, en aucun cas, se passer lorsqu'il s'agit d'entreprendre de grands travaux. Mais le linguiste doit se cantonner dans ses absorbantes études et ne pas aborder d'autres branches dans lesquelles il ne réussirait que bien rarement, n'ayant pas le loisir de s'y consacrer.

Le bagage scientifique que doit posséder l'archéologue n'est certainement pas le même pour tous les pays. En dehors de ses connaissances générales, il lui faut une instruction spéciale à la région où se porteront ses investigations, et, cette instruction, on ne se la procure qu'en dépouillant avec soin les ouvrages déjà publiés sur ces questions et sur le groupe de pays voisin de celui qu'on veut examiner. On ne s'improvise pas archéologue pour telle ou telle région; on le devient aisément; mais il n'en demeure pas moins indispensable d'avoir son instruction spéciale basée sur des connaissances générales.

Je viens d'avoir l'honneur d'exposer les réflexions qui résultent de vingt années d'études. Je me permettrai de conseiller aux jeunes gens qui, linguistes ou archéologues, se destinent aux recherches sur le terrain, de consacrer encore quelques années à se familiariser avec les sciences naturelles qui, au cours de leurs travaux, leur seront, je puis le dire, indispensables.

Il serait désirable de voir se fonder une école pratique d'archéologues, en encourageant les jeunes gens qui se destinent à cette branche de la science. Quelqu'instruits qu'ils soient en quittant nos écoles du Louvre ou des Hautes-Etudes, ils ont besoin de se familiariser avec la pratique du terrain. Qu'ils fassent un stage de quelques années en France dans nos nombreuses nécropoles, nos cavernes à ossements, nos ruines romaines et gauloises. Ils seront aptes ensuite à se lancer dans les explorations plus importantes.

Le fruit de leurs travaux sera, pour la connaissance de notre histoire nationale, de la plus grande utilité; nos musées y gagneront de précieux documents, et, de cette pépinière d'archéologues, sortiront certainement les rivaux des Renan, des Mariette, des Saulcy et de tous ces savants illustres qui, depuis un siècle, ont fait tant d'honneur à la France.

TABLE

TABLE

—

LA REVUE DES IDÉES

La Revue des Idées *a été fondée le 15 janvier 1904.*

Nous disions, à cette époque, que notre ambition était de jeter en quelque sorte un pont, par-dessus les agitations et les intérêts, entre les différentes branches de la connaissance scientifique, de créer, pour tous ceux qui peuvent se rendre capables d'attention soutenue, un instrument de culture générale.

« Sans doute, ajoutions-nous, cent entreprises de vulgarisation luttent à qui mettra les « notions de la science le plus commodément à la portée de la foule ; notre souci sera diffé- « rent ; les synthèses que nous tenterons seront destinées non à rétrécir, mais à agrandir « les questions, soit en y faisant entrer la lumière philosophique, soit en reliant les unes « aux autres, pour n'en faire qu'un seul continent, ces îles de l'archipel scientifique qui « n'ont encore que de rares communications entre elles. »

Et, tout en faisant la part la plus large aux sciences, la Revue des Idées *se défendait de vouloir être une revue purement scientifique qui eût fait double emploi avec des périodiques déjà existants, lisibles seulement pour les spécialistes ; elle voulait être une revue critique accessible à tous ceux qu'on appelait autrefois les « honnêtes gens ».*

Nous ne possédions, en effet, en France, aucun organe général capable de retenir et d'intéresser les hommes de haute culture. Dans une époque où tous les esprits tendent vers une synthèse, il n'existait aucune revue synthétique embrassant les différents domaines de l'intelligence, réunissant les notions éparses et les spécialités diverses.

Le succès de la Revue des Idées, *affirmé d'une façon éclatante dès son premier numéro et confirmé depuis avec constance, établit suffisamment que cette publication répondait à un besoin et qu'elle est venue combler une lacune.*

Il suffit de se reporter à la liste des principaux articles publiés par la Revue *pendant les années 1904 et 1905, pour apprécier l'intérêt des sujets choisis et la haute compétence des auteurs qui les ont traités.*

La Revue des Idées *a, en outre, inauguré un système de notes et analyses qui, loin d'être de simples comptes-rendus, forment une série de véritables articles critiques. Qu'on nous permette d'insister sur ce fait que tous les articles, jusqu'aux moindres notes anonymes, sont dus à des spécialistes, à des hommes notoirement compétents, à des hommes de laboratoire pour les questions scientifiques.*

ARTICLES PUBLIÉS PAR LA REVUE DES IDÉES
EN 1904 ET 1905

Philosophie, psychologie

L. Bélugou : Les Néopsychologues (n° 8).

V. Galippe, de l'Académie de Médecine : L'Hérédité des stigmates de dégénérescence et les familles souveraines, avec 4 figures (n° 19).

Jules de Gaultier : Schopenhauer et Nietzsche (n°ˢ 2-3);
—   Nietzsche et la croyance idéologique (n° 9);
—   Le Problème de Descartes (n° 14);
—   Henri Heine et le romantisme de la raison (n° 20).

Pierre Janet, professeur au Collège de France : Les Oscillations du niveau mental (n° 22).

A. Marie, médecin en chef des asiles publics de la Seine : La Nature des démences (n° 24).

Mathématiques

Poincaré, de l'Institut : L'État actuel et l'avenir de la physique mathématique (n° 11).

G. Combebiac : Géométrie et métrique (n° 17).

Joseph Deschamps, de la Sorbonne : L'Idée mathématique (n° 22).

Physique

J. Amyot : Les Derniers travaux du colonel Renard et le plus lourd que l'air (n° 2).

C. Chéneveau, de la Sorbonne : L'Actinium (n° 6).

Félix Le Dantec, de la Sorbonne : L'Ordre des questions de physique (n° 4).

Musique

X. Perreau : La Pluralité des modes et la théorie générale de la musique (n°ˢ 15 et 20).

Biologie

E.-J. Marey, de l'Institut : L'Économie de travail et l'élasticité (n° 3).

Alfred Giard, de l'Institut : Les Origines de l'amour maternel (n° 16).

Georges Bohn, de la Sorbonne : Le Radium et la radio-activité de la matière (n° 1);
—   Variation et évolution (n° 7).

Pierre Bonnier : Contre-sens physiologiques (n° 10)

Raphael Dubois, professeur à la Faculté des Sciences de Lyon : La Radio-activité et la vie (n° 5);
—   La Création de l'être vivant, avec 15 figures hors texte (n° 15);
—   La Génération spontanée par le radium : éobes et radiobes (n° 19).

Frédéric Houssay, de la Sorbonne : Les Idées d'évolution dans l'antiquité et dans le moyen âge (n° 4);
—   L'Abstraction dans les sciences naturelles (n° 24).

P.-E. Launois et P. Roy, de la Faculté de Médecine de Paris : Études biologiques sur les géants, avec 9 figures hors texte (n° 8).

Gustave Loisel, de la Sorbonne : Les Lois de Mendel et l'hérédité (n° 9);
—   Le Problème du déterminisme sexuel (n°ˢ 12-13);
—   L'Individu femelle, définition caractéristique générale (n° 17).

J. Nageotte, de l'École des Hautes Études : La Structure fine du système nerveux (n°ˢ 13-14).

A. Prenant, professeur à la Faculté de Médecine de Nancy : Les Progrès de la cytologie (n° 21).

René Quinton : Loi générale de constance originelle du milieu vital des cellules (n° 1);
—   Maintien du milieu marin originel comme milieu vital des cellules chez les Vertébrés (n° 3);
—   Notes sur E.-J. Marey (n° 7).

Étienne Rabaud, de la Sorbonne : Les Corrélations embryonnaires (n° 10)
—   Le Génie et les théories de M. Lombroso (n° 21).

Médecine

Paul Gastou, de la Faculté de Médecine : Nature et conception de la scrofule (n° 19).

E. Leredde : Photothérapie et radiothérapie (n° 16).

Robert-Simon : Le Deuxième congrès de climatothérapie et la thérapeutique marine (n° 18).

Paléographie

A. Ménegaux, du Muséum : L'Okapi, avec 2 figures hors texte (n° 23).

Botanique

Noel Bernard, professeur à la Faculté des Sciences de Caen: Maladies parasitaires et évolution des végétaux: histoire des orchidées, avec 6 figures (n° 19).
Louis Blaringhem, de l'Ecole Normale : La Notion d'espèce, application aux progrès de l'agriculture et de l'industrie des notions nouvelles de l'espèce, avec 8 figures (n° 17) ;
— L'Origine des espèces, avec 1 figure (n° 23).

Ethnographie

A. van Gennep : Le Mécanisme du tabou (n° 5).

Géologie

L. Laloy, de la Faculté de Médecine de Paris : Glaciers et période glaciaire (n° 8).

Archéologie

J. de Morgan, délégué général en Perse du ministère de l'Instruction publique : les Recherches archéologiques, leur but et leurs procédés (n°s 20, 22 et 23).
Georges Rivière : Les Etapes de l'archéologie orientale (n° 8) ;
— Le Code de Hammourabi et la société babylonienne (n° 14).

Sciences religieuses

Maurice Vernes, directeur d'études à l'Ecole des Hautes Etudes : La Valeur scientifique de l'œuvre de Renan (n° 1).
Edouard Dujardin : Etudes historiques et critiques sur le judaïsme (n°s 4, 7, 11, 16 et 21).

Sciences militaires

Général Bonnal, ancien directeur de l'Ecole supérieure de guerre : La Psychologie militaire de Bazaine pendant la guerre de 1870 (n° 2) ;
— La Manœuvre de Magenta, avec 8 cartes (n°s 9-11).
*** L'armement actuel de l'artillerie de campagne, avec 2 figures (n° 23).

Sociologie

Lucien Corpechot : L'Esprit de France (n° 24)
Cornélissen : L'Application des sciences mathématiques aux sciences sociales (n° 12) ;
— L'Etat actuel de la science économique (n° 21).
Georges Palante : Deux Points de vue en sociologie (n° 3) ;
— Sur quelles Valeurs s'appuyer pour fonder une sociologie (n° 15).
Paul Vérdier : Une Corporation au vingtième siècle, les bouchers de Limoges (n° 18).

Philologie

Antoine Thomas, de l'Institut, directeur d'études à l'Ecole des Hautes Etudes : La Langue française au moyen âge (n°s 5-6).
Sylvain Lévi, professeur au Collège de France : La Transformation des études sanscrites au cours du XIXᵉ siècle (n° 12).

Histoire littéraire et philosophique

Remy de Gourmont : François Bacon et Joseph de Maistre (n° 1) ;
— La Simplification de l'orthographe, examen du rapport de M. Paul Meyer (n° 13).
Paul Lafargue : Les Mythes historiques : le mythe de Prométhée (n° 12).
Jacques Morland : Le Comte de Gobineau (n° 6).

Droit

F. Larnaude, professeur à la Faculté de Droit : La Séparation des pouvoirs et la justice en France et aux Etats-Unis (n° 17).

et une quantité de notes et analyses de quelques-uns des mêmes auteurs et de MM. Paul Abric, de la Sorbonne, Edmond Barthèlemy, Joseph Barthélemy, Paul Cavaillon, Max Dairaux, Delaporte, de Mˡˡᵉˢ Anna Drzewina, du Muséum, et M. Goldsmith, de MM. L. Hallion, du Collège de France, A. Joxe, Henri Mazel, Messian, Ch. Perez, professeur à la Faculté des sciences de Bordeaux, et Rouxel.

Poitiers. — Imprimerie de la *Revue des Idées* (BLAIS ET ROY)

9 782013 444552